高等职业教育学前教育专业"理实一体化"立体教材

手 工

主　编　祝　慧
参　编　邵筱凡　王春子　张　磊
　　　　朱晓洁　张小雷

南京大学出版社

图书在版编目（CIP）数据

　　手工 / 祝慧主编 . -- 南京：南京大学出版社，2019.8（2022.12 重印）
　　高等职业教育"十三五"学前教育专业规划教材
　　ISBN 978-7-305-22026-5

　　Ⅰ. ①手… Ⅱ. ①祝… Ⅲ. ①学前教育 – 手工课 – 高等职业教育 – 教材 Ⅳ. ① G613.6

　　中国版本图书馆 CIP 数据核字（2019）第 077585 号

出版发行　南京大学出版社
社　　址　南京市汉口路22号　　　　邮　编　210093
出 版 人　金鑫荣

书　　名　手　工
主　　编　祝　慧
责任编辑　朱彦霖　蔡文彬　　编辑热线　025-83597482

照　　排　南京新华丰制版有限公司
印　　刷　南京凯德印刷有限公司
开　　本　889×1194　1/16　印张　9.5　字数　280 千
版　　次　2019年8月第1版　2022年12月第4次印刷
ISBN 978-7-305-22026-5
定　　价　49.00元

网址：http://www.njupco.com
官方微博：http://weibo.com/njupco
微信服务号：NJUyuexue
销售咨询热线：（025）83594756

* 版权所有，侵权必究
* 凡购买南大版图书，如有印装质量问题，请与所购图书销售部门联系调换

前 言

本系列教材以《教师教育课程标准》和《幼儿园教师资格考试标准》为指引，以《幼儿园教育指导纲要》《3-6岁儿童学习与发展指南》中艺术领域目标为落脚点，力求突出学前教育专业特色，美术基础技能以够用、适用为度，注重学生创新观念的养成和实践操作过程的体验，注重思政元素与美术课程的融合。本系列教材全套由《美术基础》《儿童画创编》《手工》《幼儿园环境创设》四本教材组成，知识内容由简到繁、循序渐进，紧密结合了当前学前教师实际需求特点。在内容编写和体例编排上，科学、系统、实用、新颖，符合学前教育专业学生的学情及学习认知特点。教材采取模块教学的编写体例，可以满足美术课堂教学需要和学生个性发展需要，教材没有具体规定各年级的学习内容，教师可根据专业培养目标和本校实际，进行编排组合。

本教材分为六个模块，内容包括"纸工""布工""泥工""木工""其他材料造型""舞台美术设计与制作"，以上内容相辅相成，在学前教师必备的美术知识体系中有着相互支撑的逻辑联系。在教材的编写过程中，考虑到学前专业学生美术基本素养、幼儿园美术活动需要和毕业后的未来可持续发展等情况，编者在编写过程中注意学生人文素质培养与提高，对幼儿园美术活动常用的内容进行详细安排，对如何把手工内容运用到幼儿教学中进行讲解。

所以，在插图和欣赏部分，既有经典美术作品，也有师范学校学生及幼儿的作品。本书可作为三年制高职高专学前教育专业和五年制初中起点学前教育专业教材，也可供学前教师继续学习和从事幼教、儿童美术绘画教学工作者参考。

本书由祝慧主编，模块一《纸工》、模块四《木工》、模块六《舞台美术设计与制作》第一、二、三节由祝慧编写，模块二《布工》由王春子编写，模块三《泥工》第一、二节由张磊编写，模块三《泥工》第二、三节由邵筱凡编写，模块五《其他材料造型》由朱晓洁编写，模块六《舞台美术设计与制作》第四节由张小雷编写。

　　本教材的编写得到了参编教师所在单位领导的大力支持，得到了众多知名幼儿园的帮助和配合，收集了大量幼儿园的实景图例，在此，我们表示衷心的感谢！教材中绝大部分作品图例是编写教师所在单位学生作品，个别图例选自相关出版物或网络，在此表示诚挚的谢意！

　　由于编写者水平所限，且时间仓促，书中难免出现不足之处，希望读者多提宝贵意见。

编　者

目 录

模块一 纸工 ··· **001**

第一节 折纸 ··· 002

第二节 剪纸 ··· 007

第三节 染纸 ··· 017

第四节 衍纸 ··· 025

第五节 立体卡 ·· 030

模块二 布工 ··· **039**

第一节 绳结 ··· 040

第二节 布贴画 ·· 049

第三节 布玩具 ·· 055

第四节 布花 ··· 062

模块三 泥工 ··· **069**

第一节 泥工基础 ··· 070

第二节 浮雕 ··· 077

第三节 泥彩塑 ·· 081

第四节 彩泥 ··· 088

模块四　木工 　097

第一节　木工基础　098

第二节　木工的组合　101

第三节　木工打磨装饰　104

模块五　其他材料造型 　107

第一节　点状材料造型　108

第二节　线状材料造型　112

第三节　面状材料造型　115

第四节　块状材料造型　121

模块六　舞台美术设计与制作 　127

第一节　玩偶的制作　128

第二节　头饰与面具的制作　133

第三节　舞台服装设计　138

第四节　舞台背景制作　143

参考文献　146

模块一
纸工

【本模块概要】

纸工有着悠久的历史，自古便是人们喜爱的一种制作工艺。从东方的剪纸、折纸、撕纸到西方的纸雕艺术、纸拼贴；从民间艺人的乡土纸艺到印象派、立体派、野兽派的现代纸艺，种类繁多，数不胜数。本模块根据幼儿的身心特点和学生工作的实际需求，选取了具有代表性的几种形式进行讲解、分析。学生可利用不同质地的纸进行制作。

【学习目标】

1. 了解折纸、剪纸、染纸、衍纸等纸艺的制作方法和基本技巧。
2. 理解和掌握纸艺的形式美法则和表现手法。
3. 欣赏各类纸艺作品，提高学生的审美素养，同时与幼儿园实际运用相结合，扎实幼儿园教师的基本功。
4. 理解与掌握幼儿纸工活动的指导要领。

第一节 折纸

一、折纸的起源和发展

折纸起源于中国，从造纸术发明以来，逐渐出现了折纸艺术。但把折纸艺术发扬光大的却是日本。最初，折纸被用于日本贵族阶级各项仪式中，当时的日本武士们流行一种礼仪——互相交换一种特殊折法折出的纸花来证明友谊。造纸普及之后，折纸开始在民间盛行。在日本的传统节日女儿节到来时，母亲们会折出各种纸偶用于祭祀，这一习俗一直延续到今天。1950年，日本折纸大师吉泽章发明了柔性折叠法和湿性折叠法，并运用新技法创作了大量新颖独特且充满魅力的折纸艺术作品，改变了人们对折纸的传统观念。吉泽章和美国的山姆·兰德勒特一起，利用点、线及箭头发明了一套国际通用的折纸图解符号，这一创造使得折纸更加便于传播，从而消除了文字的障碍。

欧洲也有着悠久的折纸传统。8世纪，阿拉伯人将几何原理运用到折纸中，并利用折纸来研究几何学，首次将折纸同数学相结合，欧洲人也是在那时从阿拉伯人那儿学到了折纸。现在，全世界的折纸爱好者们已经把折纸作为一种智力上的追求，一项很有创作高度的训练，折纸艺术的形式不断开拓创新，其复杂性也在不断挑战人们的极限。

二、工具与材料

1. 纸张

折纸的纸张种类繁多，有双色纸、纹理纸、金属纸、铂纸、不透明纸、发光纸、和纸、花纹纸等。这些纸张我们在文具店、礼品店都可以买到。在生活中也有一些纸张随处可见，我们可以利用它们来完成折纸作品，如打印纸、餐巾纸，墙纸、包装纸等（图1-1-1）。

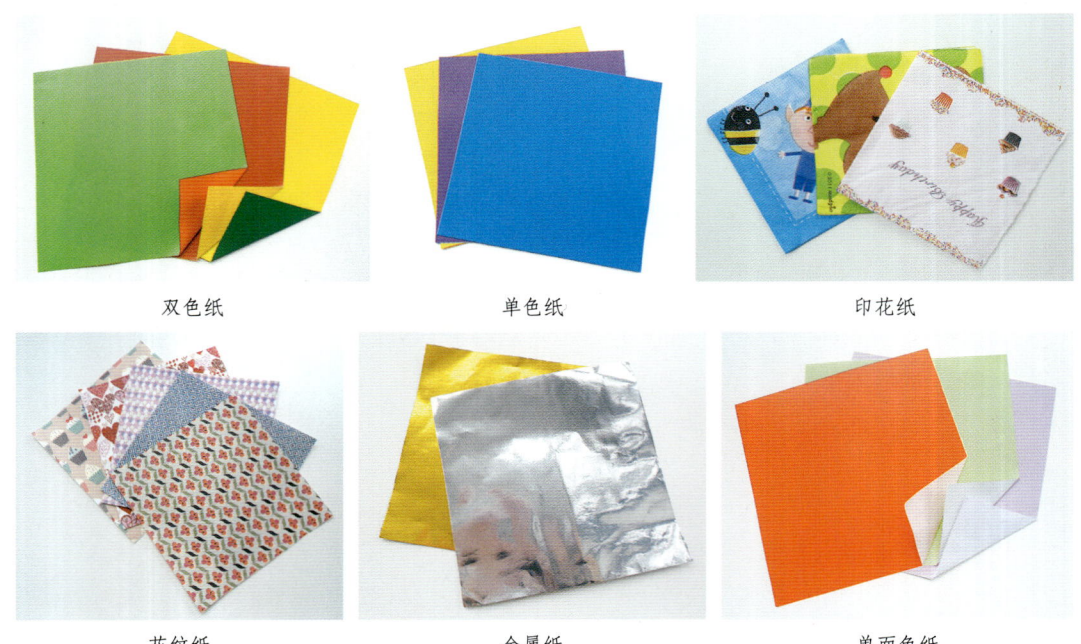

双色纸　　　　　　　单色纸　　　　　　　印花纸

花纹纸　　　　　　　金属纸　　　　　　　单面色纸

图1-1-1　纸张

2.各种各样的笔

折纸作品完成后，我们可以用蜡笔、水彩笔、彩色铅笔等绘画工具在作品上添加图案、表情，让作品更加生动有趣（图1-1-2）。

图1-1-2 各种各样的笔

三、基本技法

1.基本符号（图1-1-3）

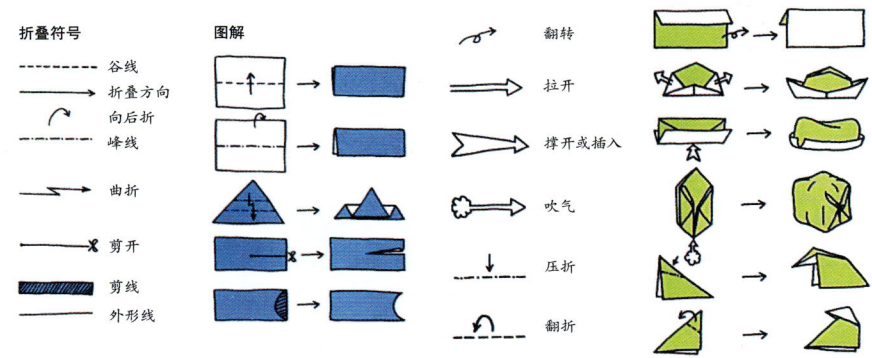

图1-1-3 折叠符号及图解

2.基本折法

（1）对边折

取一张正方形或长方形的纸，将相对的两边对齐折叠，形成一个长方形（图1-1-4）。

（2）对角折

取一张正方形的纸，将相对的两个角对齐折叠，形成一个直角三角形（图1-1-5）。

（3）向心折

取一张正方形的纸，两次对边折找到纸的中心。再将四角对准中心点，四角相邻的两边对齐中线抹平折叠，成一个小正方形（图1-1-6）。

（4）两边向中心折

取一张正方形的纸，先对边折找到纸的中线。再将纸的两边向中线对折，形成一个长方形（图1-1-7）。

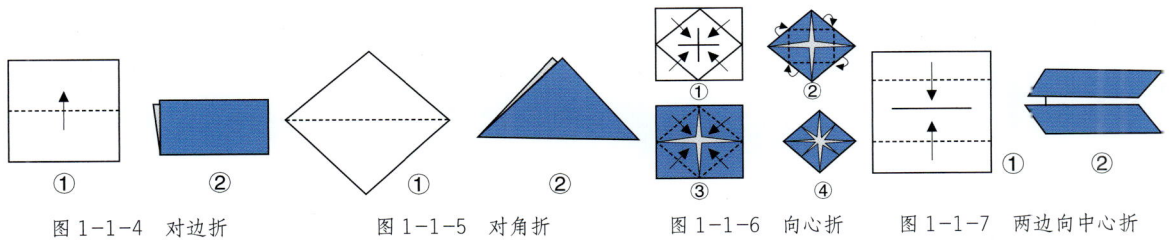

图1-1-4 对边折　　图1-1-5 对角折　　图1-1-6 向心折　　图1-1-7 两边向中心折

（5）集中一角折

根据对角线或对边折的中心线集中在一个角或一条边上折（图1-1-8）。

（6）双正方形折（图1-1-9）

（7）双三角形折（图1-1-10）

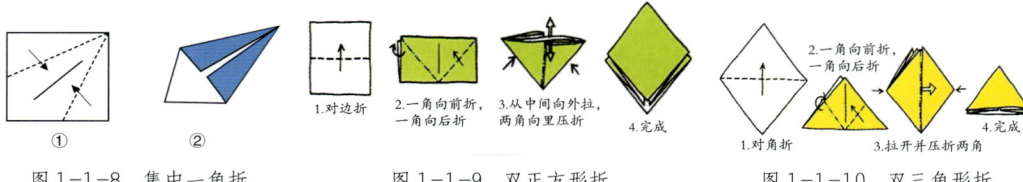

图1-1-8　集中一角折　　　图1-1-9　双正方形折　　　图1-1-10　双三角形折

3. 常见物品的折法（图1-1-11～图1-1-13）

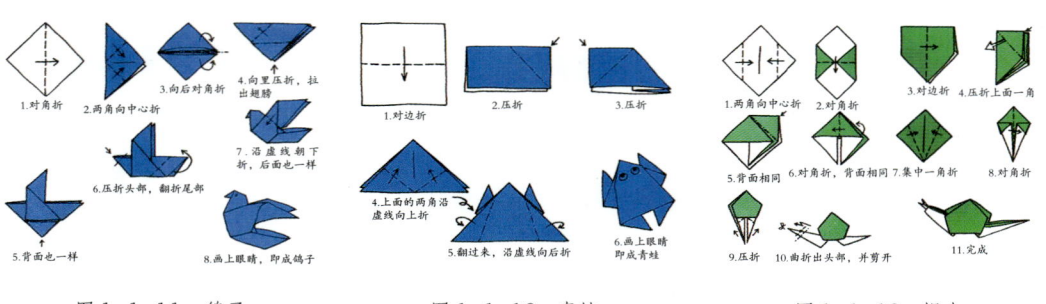

图1-1-11　鸽子　　　　　图1-1-12　青蛙　　　　　图1-1-13　蜗牛

四、作品赏析

图1-1-14　　　　　　图1-1-15　　　　　　图1-1-16

图1-1-17　　　　　　图1-1-18　　　　　　图1-1-19

五、案例分析

中班折纸活动"小狗头"

[活动目标]

1. 掌握对角折的方法。
2. 能够读懂简单的折纸步骤图。
3. 锻炼动手能力、观察力,享受折纸的乐趣。
4. 懂得爱护关心小动物。

[活动准备]

小狗头折纸范例若干、各种颜色的正方形纸、步骤图。

[教学过程]

1. 导入新课,教师出示小狗"乐乐"的折纸手偶,模仿小狗说话:"小朋友们,你们好!我叫乐乐,我想找其他小狗一起玩,但是我没有找到他们,你们愿意帮助我吗?"

2. 教师出示小狗头折纸步骤图,请幼儿仔细观察图片上的每一步,说一说该如何制作小狗头。遇到困难的地方教师进行简单的讲解。

3. 将幼儿分成若干组,每组发一个已经做好的小狗头范例,对照示范图,幼儿尝试独自折小狗头。教师引导幼儿遇到问题时可以在小组中进行讨论,相互帮助。

4. 引导幼儿为小狗头画上不同的表情,做出各种各样的小狗头。

5. 引导幼儿介绍自己的作品。

6. 教师和幼儿可以用小狗头进行"找朋友"的游戏。

教学活动指导要领:

1. 培养幼儿折纸的兴趣

兴趣是幼儿参与任何活动的重要前提,有了浓厚的兴趣,幼儿才能够自发参与到折纸活动中来。在选择折纸题材时,要挑选孩子们常见的且感兴趣的内容,让幼儿带着积极的情感参加活动(图1-1-20~图1-1-22)。

学龄前的儿童注意力保持的时间很短,因此,作为教师要想方设法吸引孩子们的注意力,激发兴趣。最常用的活动方法有念儿歌、讲故事、听音乐、做游戏、欣赏视频、出示实物或图片等。

图1-1-20 幼儿进行折纸活动

图1-1-21 折纸作品《小猫》

图1-1-22 折纸作品《蝴蝶》

2. 运用合理有效的方法促使幼儿掌握基本技能

折纸作品都是在掌握折纸基本技法的基础上产生的，掌握折纸的基本技法是前提。幼儿园折纸活动中，教师要引导幼儿掌握对边折、对角折、双正方形折、双三角形折、集中一角折、四角向中心折、组合折等基本折法。在此过程中教师也要引导幼儿注意到以下几点：（1）做折痕时，用手指尖在折叠处来回划几次，这样折痕会非常明显。（2）在折叠的过程中要尽量做到对齐、压平，否则作品会不对称或者不协调。（3）开始可以用一些面积比较大的纸来练习，等到熟练之后，可以让幼儿用自己喜爱的小一点的漂亮纸张进行制作。

3. 鼓励幼儿独自完成作品

折纸活动的重点是激发幼儿的折纸兴趣、探究欲望，而不是要让幼儿完成多少数量的作品，因此学习折纸的过程应当是幼儿主动探索的过程。

4. 正确的评价是折纸活动的关键

教师在评价幼儿作品时应更多地关注幼儿折纸的过程，不要过于在意结果。善于寻找幼儿作品中的闪光点，并给予恰当的肯定。在肯定中提出希望，在希望中提出进一步的要求，为之后的折纸活动打好基础，同时增强孩子的自信心。除了教师评价，我们也可以让幼儿进行自主评价，引导幼儿学会相互分享作品，交流制作经验。

练习与实训

1. 折纸的基本符号有哪些？
2. 折纸的基本技法有哪些？试着折一折。
3. 折纸活动的教学指导要领有哪些？
4. 试着设计一个折纸教学活动。

拓展链接

1. 吉泽章

日本杰出的折纸艺术家，他对折纸艺术普及全球做出了积极贡献，被誉为"折纸之父"。吉泽章先生创造了柔性折叠法和湿性折叠法，并同美国的山姆·兰德勒特共同创造了国际通用的折纸图解符号。其作品具有鲜明的个人风格和创意（图1-1-23、图1-1-24）。

图1-1-23 吉泽章　　　　　　　　　图1-1-24 吉泽章作品欣赏

2.罗伯特·朗

美国折纸艺术家罗伯特·朗是一位激光物理学家,他将折纸、数学和科学融合成一体,是现今世界顶级折纸大师之一,现实主义折纸艺术的典型代表。他的设计灵感来源于大自然世界,作品结构复杂,技巧精湛,令人叹为观止(图1-1-25)。

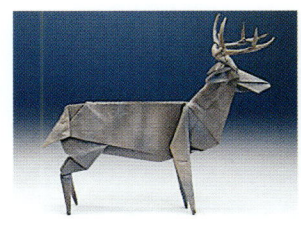 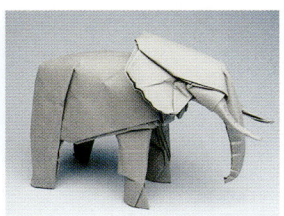 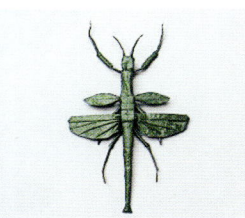 

图1-1-25 罗伯特·朗作品欣赏

第二节 剪纸

一、剪纸的起源和发展

剪纸是中国民间美术中源远流长、普及面最广而又最具中国特色的手工艺术。它是我国铁器工具和造纸术发明后的产物,形成于汉魏时代。在纸尚未产生之前,我国的雕镂工艺早已经产生并有了很好的发展。如战国至晋代出土的金银镂花饰片已非常接近剪纸了。当植物纤维纸产生并普及后,这种雕镂工艺就转移到纸上,剪纸由此产生。解放初期,我国文物考古工作者在新疆阿斯塔纳古墓群中发现了魏晋南北朝时期的五幅精美的团花剪纸实物。这五幅作品距今已有1500年的漫长历史,在今天看来也是相当成熟的作品(图1-2-1)。

图1-2-1 团花剪纸

中国剪纸艺术除了历史悠久之外,还呈现出鲜明的地域、民族特色。通常南方剪纸比较精细、秀美,常用作一些满足近距离观看的装饰。北方则粗犷浑厚、大方简洁,更多用于大面积的房屋装饰。故我国剪纸艺术特色有"南巧北壮"的说法。南方剪纸中较为典型的是潮阳剪纸。潮阳剪纸主要分布在广东的潮汕地区。其剪纸形式多样,多表现福禄寿诞、多子多福、五谷丰登等题材(图1-2-2、图1-2-3)。北方剪纸中较为典型的是陕西剪纸,而陕西最有特色的剪纸在安塞县。安塞剪纸风格雄浑,线条粗犷(图1-2-4、图1-2-5)。河北的蔚县剪纸同样是我国民间剪纸中比较出色的一种。其制作方式以刻代剪,之后点染明快绚丽的色彩,素有"三分刀工七分染"之说(图1-2-6、图1-2-7)。

图1-2-2 广东潮阳剪纸（1）　图1-2-3 广东潮阳剪纸（2）　　图1-2-4 陕西安塞剪纸（1）

图1-2-5 陕西安塞剪纸（2）　图1-2-6 河北蔚县剪纸（1）　图1-2-7 河北蔚县剪纸（2）

剪纸运用剪刀或者刻刀在纸张上进行艺术创作，通过谐音、象征、寓意、夸张等手法来表现民众喜爱的吉祥纹样和想象世界。平面构图、镂空、线条连而不断是其形式上的主要特点。在折叠、对称、虚实关系的处理上形成的刀趣、纸感也给人以特殊的审美感受。

剪纸的种类按材质和加工方式分，有单色剪纸、套色剪纸、染色剪纸、分色剪纸等类型；按实用功能来分，有窗花、喜花、供花、灯笼花、服饰花样等类。

剪纸因工具简单，取材方便，非常容易普及。幼儿学习剪纸艺术，可以把无拘无束的想法快速表现，获得成功的乐趣。幼儿体验这种传统的民间艺术形式，还可以增加他们的民族自豪感和对祖国优秀传统美术的热爱与探究精神。

通过学习剪纸技法，幼儿能够运用简单的工具，在老师的指导下制作出简单的剪纸作品。它可以培养幼儿的观察能力、动手能力、思维能力和审美能力，开发幼儿的智力和情趣，提高幼儿的综合文化素质，继承和发展传统民间剪纸艺术，保护非物质文化遗产。

二、工具与材料

工具：剪刀、刻刀、刻板、夹子、铅笔、胶水等。

材料：纸张（蜡光纸、宣纸、卡纸、花纹纸等）（图1-2-8）。

图1-2-8 工具与材料

三、剪纸的表现形式

1. 单色剪纸

单色剪纸只用一种颜色纸进行剪制，是民间剪纸中最常见的一种形式。一张普通的大红纸，不加任何渲染，剪刻出来后用对比强烈的颜色衬托，显得质朴、大方（图1-2-9）。

单色剪纸在制作技法上分为阴刻（剪）和阳刻（剪）。所谓阳刻，是指保留原稿的轮廓线，剪去轮廓线以外的空白部分。它的每一条线都是相互连接的，牵一发将动全身；阴刻与阳刻相反，刻去原稿的轮廓线，保留轮廓线以外的部分，所以它的线条不一定是相互连接的，作品的整体是块状的。作品中我们多采用阴阳结合的方式进行创作，两者相辅相成，突出主题（图1-2-10）。

图1-2-9　单色剪纸　南京民间剪纸艺人王小红作品《虎岁平安》

图1-2-10　阴阳对比剪纸

2. 套色剪纸

套色剪纸是在事先剪刻好的单色剪纸下面衬上不同的彩纸，各个色块衬托，画面呈现出生动有趣的效果。套色剪纸主稿通常用黑色，也可根据画面需求选择颜色。套色剪纸的颜色选择是重点，既要衬托出主题物，又要使画面有层次感和装饰效果。制作时需要大胆用色，不必过分求真（图1-2-11、图1-2-12）。

图1-2-11　套色剪纸《好好学习》　　图1-2-12　套色剪纸《睡觉的猫》

3. 拼色剪纸

拼色剪纸指的是把多种剪刻的色纸拼斗起来的作品，也被称作"斗色剪纸"。拼色剪纸色彩搭配丰富，别有情趣（图1-2-13、图1-2-14）。

4. 染纸剪纸

染纸剪纸是将剪刻好的作品，用色彩渲染或者平涂。染纸剪纸多使用宣纸来表现，特点是色彩绚丽，富有韵味。河北蔚县剪纸是我国优秀染色剪纸的代表（图1-2-15）。

图1-2-13　拼色剪纸《喇叭花》　　图1-2-14　库淑兰剪纸作品　　　　图1-2-15　蔚县剪纸作品

四、剪纸的基本技法

剪纸通常会用到剪刀和刻刀两种工具交替进行，一主一辅，交替进行。

1. 剪法

（1）掏剪

用剪刀刺穿纸张，然后从内向外剪。剪小孔时，先用剪刀头部在纸上轻轻晃动打开一个小孔，然后将剪刀置于空中，一手托住纸背，一周执剪逆时针方向转剪，边剪边旋转（图1-2-16）。

（2）破剪

剪刀从外部剪破边缘线，进入剪切的部分剪破。破剪又称"暗口"，巧妙安排暗口，即可方便剪制，又不容易看到痕迹，保持最好的画面效果（图1-2-17）。

 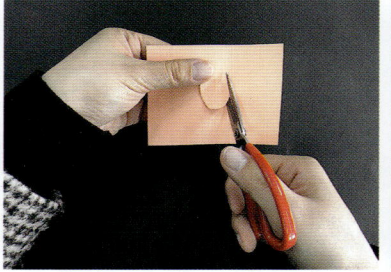 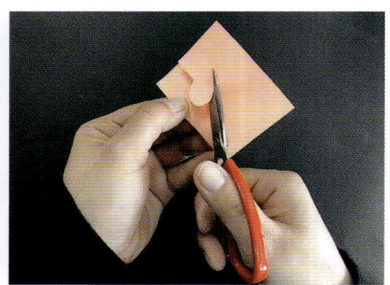

图1-2-16　掏剪　　　　　　　　　　　　　　　　　图1-2-17　破剪

（3）折叠剪

剪刀从纸张的折叠处开始剪，展开后将呈现对称的图案。折叠剪多用于剪制对称、重复的纹样。折叠后纸张会有一定的厚度，剪制时多用剪刀根部进行运剪（图1-2-18）。

（4）游剪

游剪主要用于剪制曲线和外轮廓，通过左右手的配合完成。一手托纸，一手剪制，用纸带动剪刀剪制，旋转自如（图1-2-19）。

（5）打毛

剪制纤细、均匀的锯齿纹来表现动物的皮毛，民间俗称"打毛"。剪制时，剪刀头始终朝前，均匀剪出粗细均匀的丝毛（图1-2-20）。

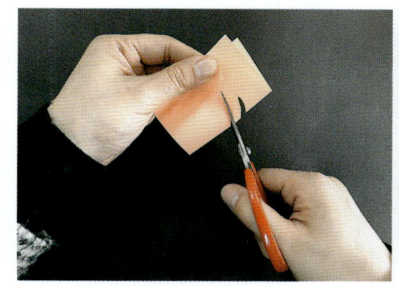 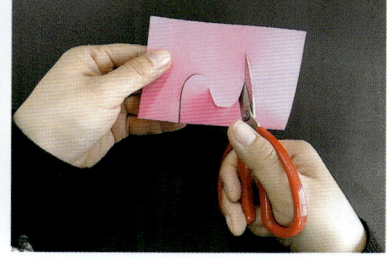 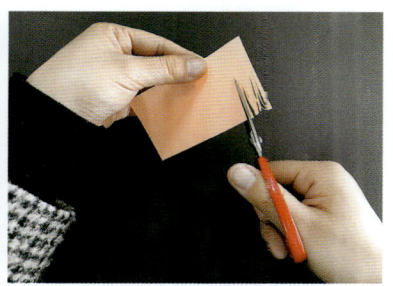

图1-2-18 折叠剪　　　　　图1-2-19 游剪　　　　　图1-2-20 打毛

2.刀法

（1）切刀

垂直执刀，自上向下切。用刀肯定有力，切出短而直的点状刀口。切刀适合刻制多层剪纸和剪纸的精细部位，用此刀法可以防止用力不当而造成的短线（图1-2-21）。

（2）划刀

把刀卧倒，如写字时执笔的姿势，用力均匀，在纸上划出均匀流畅的切口。此刀法运用时，纸张层数不宜过厚，容易划不透。刻制时底面应有垫板，帮助完成刻制效果（图1-2-22）。

（3）钻孔

用刀尖沿圆孔线顺时针方向刻制，刻圆孔时保留行刀痕迹，不要特意把圆孔边缘刻制得很光滑（图1-2-23）。

  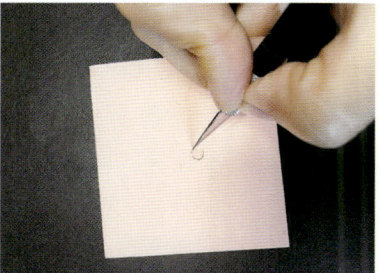

图1-2-21 切刀　　　　　图1-2-22 划刀　　　　　图1-2-23 钻孔

五、剪纸的创作过程

1.起稿

首先确定题材，之后着手画小草图，俗称"画样子"。在起稿的过程中，要反复琢磨设计，对不满意的地方及时进行修改。在草图完成后，用铅笔在纸张背面勾出物象双线（图1-2-24）。

图例中采用的是对称剪纸，更多剪纸方法参见后文介绍的"剪纸的制作方法"。

2. 订稿

若要同时剪制多张，则需要增加订稿这个步骤。用订书机和回形别针，上下固定住画好的素描稿和要制作的纸张。这样用剪刀剪好有铅笔稿的那一张，其他的纸张都能同时剪制完毕。订稿时候需要注意，应该用订书机订在铅笔稿外大块空隙处，同时，对于初学者来说，纸张不宜过多（图1-2-25）。

3. 剪制

在画铅笔稿的基础上，可以先里后外、先粗后细、先难后易进行剪制。也就是说，先把老虎的五官和细节剪完后再剪外形。使用剪刀时要流畅圆滑，顺势渐行。如果剪制变形，不可重刀，需要在整幅作品完成后，再用剪刀细修（图1-2-26）。

图1-2-24 起稿　　　图1-2-25 订稿　　　图1-2-26 剪制

4. 保存

剪纸作品如果尺寸不大，比较简单的保存方式是平放在书本中。若是经常要翻看的剪纸作品，可以放在相册或是资料夹中保存。装裱剪纸作品则是更好的保存方式。每当完成一幅剪纸作品时，将它粘贴在较厚的纸张上，不但能使剪纸作品更为平整，利于保存，还会让剪纸作品的镂空效果更为突出。保存的时候一定要注意防潮湿和防虫蛀。另外要经常翻动，以利通风。

六、剪纸的制作方法

1. 对称剪纸（图1-2-27）

步骤一：取一张方形的纸。

步骤二：将纸左右对折。

步骤三：在纸上起稿。

步骤四：剪制形象。

 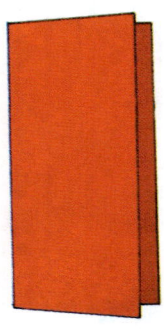  

图1-2-27 对称剪纸步骤

2.二方连续剪纸（图1-2-28）

步骤一：取一张方形的纸。

步骤二：将纸按需等分。

步骤三：将纸折叠。

步骤四：在纸上起稿。

步骤五：剪制形象。

图1-2-28 二方连续剪纸步骤

3.团花剪纸

（1）三折团花（图1-2-29、图1-2-30）

步骤一：将一张正方形的纸对角折，再对角折找到纸的中心，回到长方形状态。

步骤二：以长方形中心为轴心，将长方形折叠成三等分锐角，每个角60度。

步骤三：绘制适合的纹样，剪成即可。

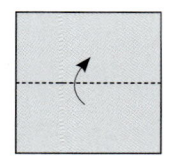 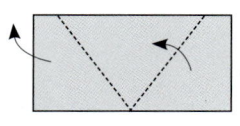    

图1-2-29 三折团花　　　　　　　　图1-2-30 三折团花完整示范

（2）四折团花（图1-2-31、图1-2-32）

步骤一：将一张正方形的纸对边折。

步骤二：再对边折一次。

步骤三：再对角折一次（共进行两次对边，一次对角折）。

步骤四：绘制适合的纹样，剪成即可。

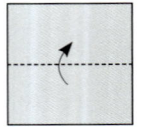 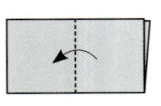 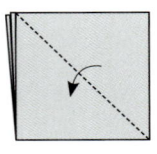 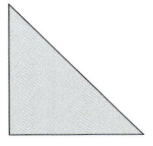   

图1-2-31　四折团花　　　　　　　　　　　图1-2-32　四折团花完整示范

（3）五折团花（图1-2-33、图1-2-34）

步骤一：将一张正方形的纸对边折，再对边折找到纸的中心，回到长方形状态。

步骤二：以长方形底边中点为中心，在对折留出大约30度角的位置。

步骤三：将对折的部分再对折一次。

步骤四：预留部分与对折部分重合，成为五等分锐角，每份36度。

步骤五：绘制纹样，剪成即可。

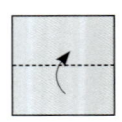 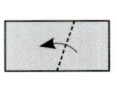 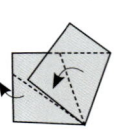 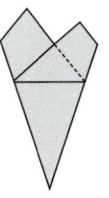   

图1-2-33　五折团花　　　　　　　　　　　图1-2-34　五折团花完整示范

4.单独剪纸

单独剪纸是整体不重叠、不对称的剪纸形式，它是按照单独纹样的构成原理设计的剪纸形式（图1-2-35）。

步骤一：设计画稿。

步骤二：剪刻结合，完成作品。

单独剪纸《金鱼》　　单独剪纸《鸳鸯》

图1-2-35　南京民间剪纸艺人王小红作品

七、作品赏析

图1-2-36　　　　　　　图1-2-37　　　　　　　图1-2-38

图 1-2-39　　　　　　　　图 1-2-40　　　　　　　　图 1-2-41

八、案例分析

大班剪纸活动"一排小花"

[活动目标]

1. 掌握二方连续剪纸的方法，学会看剪纸步骤图。
2. 探索和尝试更多的二方连续剪纸。
3. 体验剪纸的乐趣，增加民族自豪感。

[活动准备]

材料与工具：彩色长条纸、儿童安全剪刀、铅笔、剪纸步骤图、剪纸作品范例。

[活动过程]

1. 导入新课，教师首先请幼儿欣赏二方连续剪纸作品范例，请幼儿讨论二方连续剪纸的特点，以及与之前学习的剪纸有何不同。

2. 教师示范"一排小花"的制作方法。

（1）取一张彩色长条纸，将纸张等分成四份，然后折叠好。教师提示幼儿可以通过折叠不同的份数，得到不同个数的小花。

（2）在折叠好的长条纸上画一朵小花。教师引导幼儿观察画稿上的连接点，强调连接点的重要性。

（3）教师剪制作品，引导幼儿先里面后外面、先粗后细、先难后易进行剪制。

3. 幼儿动手操作。

（1）引导幼儿仔细观察剪纸步骤图。

（2）鼓励幼儿探索剪出更多二方连续作品。

4. 鼓励幼儿大胆表达，介绍自己的作品并简单评价自己和同伴的作品。

教学活动指导要领：

1. 正确引导幼儿进行基础练习

在教学过程中，教师首先要引导幼儿进行一定量的基础练习，这可以让幼儿在后面的创作中更具有自信。然而，教师的教学方法一定要符合幼儿的心理年龄和成长规律，基础练习要从易到难。

2. 保护幼儿学习剪纸的童心

幼儿在剪纸时追求自我表现的欲望很强烈，对宇宙万物充满了想象。由于他们正处在成长阶段，观察能力、动手能力、思维能力还不成熟，所以幼儿剪纸的特点是天真、淳朴、简单、粗犷的。教师在剪纸教学中，一定要尊重幼儿的独特审美，呵护童心，绝不能以成人的眼光去"校正"他们的本真美。同时，要根据儿童的不同年龄和个性，制定不同的教学方案，引导他们学习剪纸知识，激发学习兴趣，使幼儿剪纸更具独特性和多样性（图1-2-42）。

图1-2-42　幼儿进行剪纸活动

3. 将剪纸作品进行有趣的拓展

剪纸作品完成之后，教师可以引导幼儿对剪纸进行二次创作。教师可以指导幼儿将剪纸作品作为创作元素进行手工制作，如贴在箱子或者扇子上做漂亮的装饰；教师还可以与幼儿共同丰富幼儿园的生活环境，利用染纸作品制作幼儿园区角、主题墙饰等（图1-2-43）。

图1-2-43　幼儿园环境布置

 练习与实训

1. 收集实物资料和网络资料，寻访身边的民间剪纸艺人，深入了解中国民间剪纸艺术的历史和表现方法。

2. 练习掌握剪纸的方法，并独立创作对称剪纸、二方连续剪纸、四折团花剪纸各一幅。

3. 思考如下问题：如何为不同年龄的幼儿设计符合其发展目标的剪纸课程？如何将剪纸艺术巧妙地融合到幼儿园环境布置中？

 拓展链接

1. 王桂英

江苏省新沂市著名的民间剪纸艺人，江苏省非物质文化遗产项目代表性传承人。

她自小学习剪纸，启蒙于做细木工的父亲留下来的木雕图案和母亲留下的绣品。王桂英的剪纸，从风格上看属于北方一派，与南方流派的严谨、细腻、精致相比，她的剪纸线条粗犷、造型古拙，构思奇特而不拘泥于传统。她更多地采用了写意手法，不追求形似，以简约的刀法表达了她心目中的生活。她的剪纸没有固定的章法，率性而为，因此，她的作品往往构思巧妙、独到，险中求胜（图1-2-44、图1-2-45）。

2. 希娜吉拉尼·青山

日本女性艺术家，旅居法国，她依靠一把剪刀和灵巧的双手，完成了许多精美的剪纸作品。一方面她的剪纸艺术汲取了很多中国剪纸艺术的养料，具有典型的东方韵味；另一方面，她又很好地将西方现代艺术融入自己的剪纸当中，这与她长期生活在法国，大量接触西方艺术的熏陶不无关系（图1-2-46、图1-2-47）。有媒体高度评价说："希娜吉拉尼·青山的剪纸以精细见长，有些作品就像用电脑激光切割出来的一样，令人叹为观止，她的一双手超过世界上最好的外科医生！"

  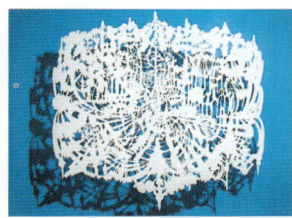 

图1-2-44　王桂英作品（1）　　图1-2-45　王桂英作品（2）　　图1-2-46　希娜吉拉尼·青山作品（1）　　图1-2-47　希娜吉拉尼·青山作品（2）

第三节　染纸

一、染纸的起源和发展

染纸，起源于民间印染工艺。手工印染艺术赋予织物形与色的独特表现，是织物最古老的装饰手段，同时，手工印染又是传统织物的主要工艺形式。在中国古代，印染工艺被称之为"染缬"，即在纤维、纱线和织物上运用物理或化学上色或显花的工艺技术。在距今六七千年前的新石器时代，已有对毛、麻进行各色染色的工艺。战国以前，丝和麻的精炼、染色、画绘等织物加工系统已经形成了。周代宫廷手工作坊中设专门的官吏"染人"，他们染画技法并用，让各种织物和服饰多姿多彩。

古代中国人在应用矿物颜料的同时，提取的植物也从花、叶，逐渐扩大到根、茎，并发现了染蓝的蓝草、染红的茜草。春秋时期蓝草的种植普及，大量染蓝作坊出现，并革新工艺，使浸染不再受季节制约，大大发展了蓝草染色工艺。至战国时期，染蓝作坊已遍及全国。秦汉以来，印染工艺技术取得重要进展，印画并用和印染并用的蓝白花布陆续出现，印染的色彩更加广泛。自中唐以后，染缬在社会上普遍流行，在唐代画家笔下的人物很多都穿着染缬类服装。"妇人衣青碧缬,平头小花草履"曾风行一时。明代的印染工艺用的植物染料扩大到几十种，并以其较强的色牢度与色彩的丰富性取代了古老的矿物质颜料。

如今，手工印染艺术伴随人们的服饰和起居生活，持久地散发着迷人的艺术气息，放射着绚烂的文化异彩。染纸艺术也因为其简单易行的特点，被广泛地应用到装饰艺术和教学中。

二、工具与材料

工具：碟子、毛笔、棉签、剪刀、卡纸、胶棒、双面胶等（图1-3-1）。

材料：色料（水性透明的颜料，如水彩颜料、彩色水笔补充液等）、吸水性强的纸张（图1-3-2）。

图1-3-1　染纸工具

图1-3-2　染纸材料

三、基本技法

染纸前需要先将纸进行折叠，或扎，或卷，或揉，或用夹子夹等，然后再进入染的环节，便会产生各不相同的视觉效果。

1. 折叠的基本技法

（1）田字折

田字折一般使用正方形纸，采用边对边对折的方法，进行一次、两次，甚至多次对折。田字折折好后，画面上会出现一个田字形，或者多个田字形的折印（图1-3-3~图1-3-5）。

图1-3-3　田字折

图1-3-4　田字折作品（1）　　　图1-3-5　田字折作品（2）

（2）米字折

米字折是在边对边对折的基础上，采用角对角对折。角对角对折的方向不同，画面的折印也不同。米字折折好后，画面上会出现一个米字形，或者多个米字形的折印（图1-3-6~图1-3-8）。

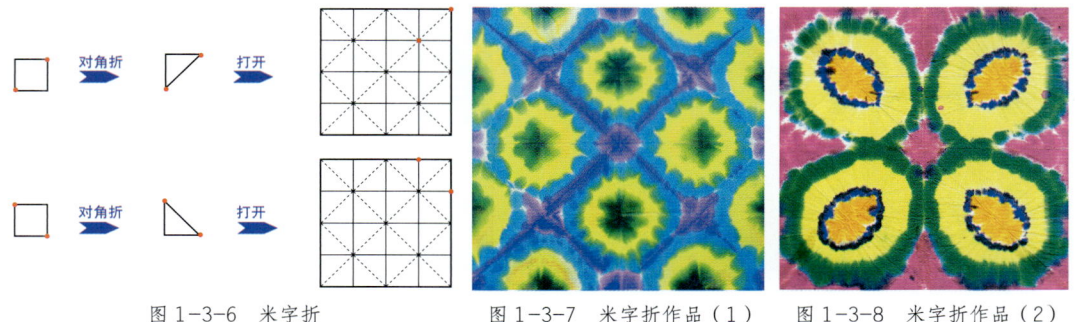

图1-3-6 米字折　　　图1-3-7 米字折作品（1）　　　图1-3-8 米字折作品（2）

（3）辐射折

辐射折又称放射折。这种折法需要找到放射点，然后反复进行角对角对折。放射折的放射点有一个、两个和四个的不同（图1-3-9~图1-3-14）。

图1-3-9 一个放射点　　　图1-3-10 两个放射点　　　图1-3-11 四个放射点

图1-3-12 辐射折作品（1）　　　图1-3-13 辐射折作品（2）　　　图1-3-14 辐射折作品（3）

（4）风琴折

风琴折的折法与手工折叠扇的折法十分类似。这种折法可以采用竖折或者斜折的方式，将纸张边对边对折或者角对角对折后，正反两面反复折叠。风琴折折好后，画面上会连续的长条形（图1-3-15~图1-3-17）。

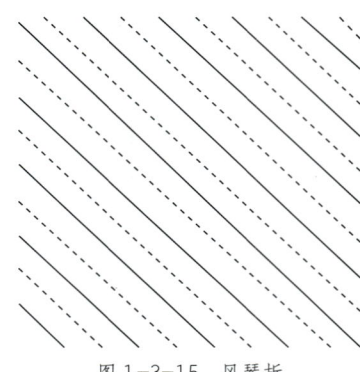  

图 1-3-15　风琴折　　　图 1-3-16　风琴折作品（1）　　　图 1-3-17　风琴折作品（2）

2. 染色的基本技法

（1）浸染法

将生宣纸经过折叠后，把需要染色的部分浸入彩色墨水中（事先在色料中加入少许酒精，帮助多层浸透，使染色均匀），用手挤捏。如单色染，只作部分浸入，留有空白。若套色染，应先浅后深浸入不同色料。注意用色先浅后深，少放酒精，以免颜色过于稀释，用手挤捏，帮助浸染（图1-3-18）。

（2）点染法

在画面浸染不到或某些局部需要变化的地方，用毛笔蘸染料（或用滴管）进行局部的点染，使之产生变化丰富、多层次的色彩效果。有时也用在浸染不到的地方，以为补救办法（图1-3-19、图1-3-20）。

图 1-3-18　浸染法　　　图 1-3-19　点染法（1）　　　图 1-3-20　点染法（2）

（3）晕染法

将染过的作品用毛笔或滴管沿色彩边缘滴、涂酒精或清水，并用手指略加挤捏，使色彩迅速推移并向外晕化产生丰富含蓄的变化效果（图1-3-21）。

（4）吹色法

用颜料滴管挤出色彩水滴，注意不要让水滴流下来，然后用空心吸管快速对准水滴吹气，画面上会出现喷射状的细腻色点。或者将色彩颜料随意滴洒在纸张上，用空心吸管快速对准色点吹气，画面上会出现不规则的放射形状。在吹色的过程中，可以按照之前的预想，设计吹气的方向和力度（图1-3-22、图1-3-23）。

图 1-3-21　晕染法作品　　　图 1-3-22　吹色法作品（1）　　　图 1-3-23　吹色法作品（2）

（5）喷洒法

在画纸上染色后，用毛笔或者滴管蘸上浓盐水喷洒或滴至底色上，或者直接撒上细盐粒，经过渗化后，画面会呈现出雪花状的色斑。此法也可以用清水、肥皂水、牛奶、酒精等来渗化，所呈现的效果各不相同。在喷洒的过程中，需要保证底色半干，并且颜色较深，这样画面效果会比较明显（图 1-3-24、图 1-3-25）。

 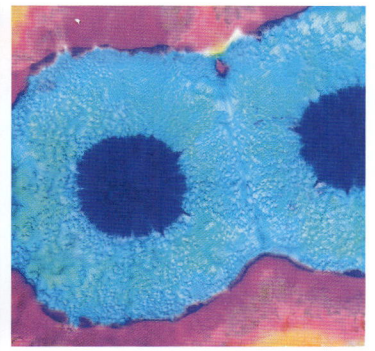

图 1-3-24　清水喷洒作品　　　　　图 1-3-25　盐粒喷洒作品

四、染纸的创作过程

1. 折叠

方法一：根据创作需要，把纸张剪成物体的形状，如雨伞、衣服、水果等，然后按照一定的折叠方法进行折叠（图 1-3-26）。

方法二：先将纸张裁剪成正方形、圆形、长方形等形状，然后按照一定的折叠方法进行折叠，等染制完成后再剪成所需要的形状。

折叠时候不宜层数过多，要注意对齐、压平，以便染色时容易染透。

更多折法参见上文介绍。

2. 染制

染制前需要提前准备好色料，颜色不宜使用过多，注意颜色的冷暖搭配和浓淡搭配。色料可以通过加水改变浓淡，也可以通过色与色的混合改变色彩的相貌（图 1-3-27）。

纸张经过折叠后，厚度会增加。染制的过程中为了确保纸张上应该染到的地方都被染制到，需要上下内外翻看，补染未染到的局部（图 1-3-28）。

图 1-3-26 折叠　　　　图 1-3-27 染制　　　　图 1-3-28 补染

图例中采用的是点染法，更多染法参见后文介绍的"染纸的基本技法"。

3. 展开

纸张染好之后，应按照纸的折痕一层层地展开，铺平之后待晾干。由于纸张湿度较大，非常容易损坏，展开时一定要耐心和细心（图 1-3-29）。

4. 粘贴

染好之后的纸，可以用双面胶或者胶棒粘贴在较为厚实的底版上，方便保存（图 1-3-30）。

 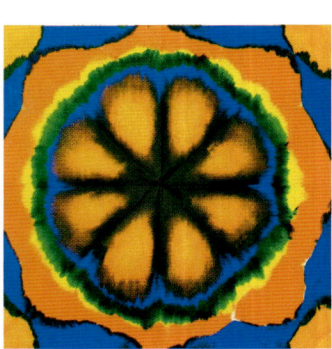

图 1-3-29 展开　　　　图 1-3-30 粘贴

五、作品赏析

 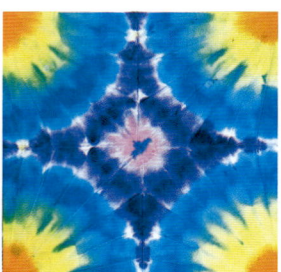  

图 1-3-31　　　　图 1-3-32　　　　图 1-3-33　　　　图 1-3-34

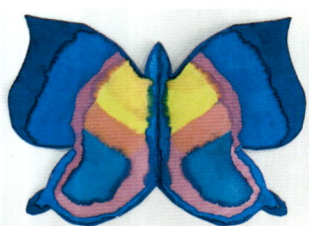   

图 1-3-35　　　　图 1-3-36　　　　图 1-3-37　　　　图 1-3-38

六、案例分析

中班染纸活动"花手帕"

[活动目标]

1. 学习用田字折折法、浸染法、点画法创作一幅作品。
2. 锻炼动手能力，提高审美情趣，发挥想象力与创造力。

[活动准备]

材料与工具：儿童护衣、方形宣纸、大碟子、水彩颜料、清水、毛笔、棉签、儿童安全剪刀、染纸作品范例。

[活动过程]

1. 导入新课，教师首先请幼儿欣赏色彩鲜艳、种类多样的染纸作品，同时，配合儿童歌曲《花手帕真漂亮》，给幼儿以启发，激发他们创作一件漂亮"花手帕"的兴趣。

2. 教师出示三种纸张，即报纸、宣纸、铅画纸，请幼儿摸一摸、揉一揉、听一听，感受三种纸张的不同。

3. 教师将三种纸张同时浸入彩色墨水中，请幼儿观察纸张吸水性的不同，以此让幼儿了解宣纸吸水性较强。

4. 教师示范"花手帕"的制作方法。

（1）将正方形的宣纸反复对边折，折成一个小正方形。

（2）将小正方形的一角或一边放进盛有颜色的调色碟里浸一下，提醒幼儿浸染的诀窍。在颜色没有染透的位置，用毛笔或者棉签蘸着颜料染透。在浸染不到的部位，可以引导幼儿用毛笔蘸好颜色进行点染，设计出漂亮的花纹。

（3）将染好的方形宣纸慢慢打开，铺平晾干。

（4）在方形宣纸上剪出裙子的外形。

5. 幼儿动手操作。

（1）引导幼儿大胆设计美丽的花纹。

（2）引导幼儿剪出多种裙子的样式。

6. 将幼儿作品布置在幼儿园环境中，供大家欣赏。

教学活动指导要领：

1. 创设有效的导入活动

导入是染纸活动的第一个环节，成功的导入可以让幼儿带着强烈的求知欲望进入学习情境中，为接下来的探索活动做好心理准备。在染纸活动中，教师可以尝试以下几种导入方式。

（1）实验导入法。教师可以设计一个"水滴赛跑"的活动，将白纸条和宣纸条比喻成两条跑道，两滴彩色墨水好像是两条水蛇在赛跑。幼儿观看彩色墨水在哪条跑道上跑得快。在幼儿观看完"比赛"后，让他们摸一摸、揉一揉、听一听，感受白纸和宣纸的不同。在了解不同纸张的吸水速度不同后，引出本课的课题。

（2）欣赏法。在导入过程中，让幼儿欣赏色彩鲜艳、种类多样的染纸作品，同时，配合儿童歌曲，给幼儿以启发，激发他们创作的欲望。

（3）情境创设法。导入活动采用情境创设法，可以引发幼儿积极地参与活动，形成积极向上、大胆创造的学习氛围。

2. 引导幼儿在作品中体现形式美与色彩美

（1）体现形式美。染纸的魅力一定程度上来自画面的形式美。教师必须理解图案形式美的规律，懂得条理、对称、均衡、动感等图案形式美的手段。教师应该引导幼儿在实践中注意变化与统一的平衡，运用点、线、面的绘画技巧丰富画面，在色块的面积和排列上，注意有疏密变化。眼花缭乱而导致的杂乱无章，以及单调呆滞而导致的缺乏生气都是应该避免的（图1-3-39、图1-3-40）。

（2）合理运用色彩。染纸活动中，色彩的合理运用可以增强作品的整体效果。教师要提醒幼儿运用同种色或者对比色来增加染纸的色彩魅力。教师还可以引导幼儿注意色彩的面积对比、冷暖对比、明度对比。若要改变色彩的明度，可以通过加水稀释的方法将颜色变淡（图1-3-41、图1-3-42）。

图1-3-39　幼儿染纸活动（1）　　图1-3-40　幼儿染纸活动（2）　　图1-3-41　幼儿作品（1）　　图1-3-42　幼儿作品（2）

3. 将染纸作品进行有趣的拓展

染纸作品完成后，教师可以引导幼儿对染纸进行二次创作。教师可以创设具有故事情节的教学导入，引导幼儿在有趣的故事中去制作精彩的染纸贴画。教师应该引导幼儿巧妙利用染纸的图案特点剪出生动的动物、植物和人物形象，并粘贴组合成具有情节性的画面；还可以将染纸作品剪出色彩丰富的团花；也可以将染纸作品替代一些色彩单一的纸张进行手工制作活动，如用染纸做书签、贺卡等；教师还可以与幼儿共同丰富幼儿园的生活环境，利用染纸作品制作幼儿园区角、主题墙饰等（图1-3-43~图1-3-46）。

图1-3-43　染纸环创（1）　　图1-3-44　染纸环创（2）　　图1-3-45　染纸贴画　　图1-3-46　书签作品

练习与实训

1. 幼儿园的染纸活动应该如何进行？染纸活动中的色彩运用应注意哪些问题，才能创作出丰富精彩的作品？
2. 练习掌握染纸的各种折法和染法，并观摩其在幼儿园美术活动中的运用。
3. 以"四季之美"为主题，创作染纸画一幅。

第四节 衍纸

一、衍纸的起源和发展

历史学家相信，衍纸起源于古埃及。最早的史料记载衍纸出现在 15 世纪的英格兰，比较穷的教会使用镀金纸作为背景来装饰他们的圣物和圣画。到了 17 世纪，欧洲的贵妇用这一艺术形式来装饰针线盒、屏风和靠垫等。在接下来的几个世纪里，衍纸历经兴衰，直至近些年才真正复兴起来。

衍纸是一种通过将长而窄的纸条进行卷、捏、拼贴的方式制作各种形状的艺术形式，常被应用于卡片、包装纸、装饰画、装饰品等。衍纸艺术又叫作"卷纸装饰艺术"，即用专门工具将细长的纸条一圈圈卷起来，成为一个个小"零件"，然后组合成复杂纹样的创作形式。

二、工具与材料

工具：卷纸笔、剪刀、弯嘴镊子、软木或泡沫板、大头针、手工白胶、手工快干胶（图 1-4-1）。

材料：衍纸条（图 1-4-2）。

图 1-4-1 衍纸工具

图 1-4-2 衍纸材料

三、基本技法

1. 纸条

成品的尺寸是由纸条的长度和衍纸器的尺寸决定的。为了达到理想的效果，可以先选取不同长度的纸条做成多种基本形状，再粘贴至背景板上。制作前要观察尺寸效果，从中选择最合适的纸条和工具进行正式制作。

决定纸条的长度后,最好直接用手撕下,而非用剪刀剪开,这是因为手撕的毛边比较圆润,粘贴连接的时候过渡相对自然,而剪刀则相反,尖利的边角在后续粘贴的时候容易露在外面。

2. 基本形状

衍纸一般有 20 种以上的基本形状储备,根据作品需要也可以自己设计一些新的形状(图 1-4-3~ 图 1-4-14)。

图 1-4-3 紧卷　　图 1-4-4 松卷　　图 1-4-5 偏卷　　图 1-4-6 半圆卷

图 1-4-7 泪滴卷　　图 1-4-8 偏泪滴卷　　图 1-4-9 开卷　　图 1-4-10 C 形卷

图 1-4-11 S 形卷　　图 1-4-12 不对 S 形卷　　图 1-4-13 不对称心形卷　　图 1-4-14 心形卷

3. 卷纸

(1)使用有嵌口的衍纸器时,将纸条一端插入嵌口,保持两者边缘对齐。一手转动行纸器,另外一手按住纸卷,避免纸卷松开(图 1-4-15)。

(2)使用针型衍纸器时,将针尖与纸条端对齐,一手持衍纸器,一手通过大拇指和食指的摩擦转动将纸条卷起,中心无缝隙(图 1-4-16)。

(3)无论使用的是哪一种衍纸器,卷的时候要用食指按住纸卷的顶端,可以使纸卷更加均匀(图 1-4-17)。

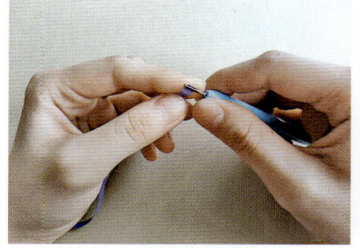  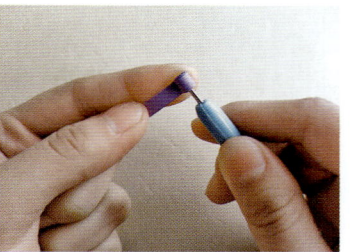

图 1-4-15　嵌口衍纸器　　　图 1-4-16　针型衍纸器　　　图 1-4-17　卷纸

（4）要制作紧卷，先用竹签蘸取白胶涂抹于纸条末端并粘合，然后再抽出衍纸器（图1-4-18）。

（5）要制作松卷，先小心地将纸卷从衍纸器上取下来，将其放入模板内，以达到期望的尺寸，再用竹签蘸取白胶涂抹并粘合（图1-4-19）。

（6）要制作偏卷，用大头针将纸卷中心拨向一侧，在软木或者泡沫垫板上固定。在壑卷纸条上涂胶水并等待变干，由于胶水部分会显露出来，因此要将偏卷翻面后使用（图1-4-20）。

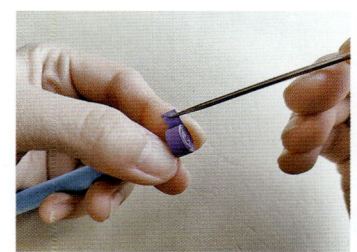 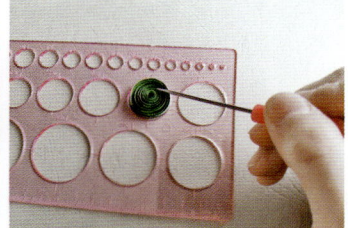 

图 1-4-18　紧卷　　　　　图 1-4-19　松卷　　　　　图 1-4-20　偏卷

四、衍纸的创作过程

第一步：确定制作内容，绘制草图（图1-4-21）。

第二步：根据内容确定每块使用的技法，确定整体的色调，从局部开始制作（图1-4-22）。

第三步：使用小镊子辅助，处理细小的部分（图1-4-23）。

第四步：完成作品（图1-4-24）。

图 1-4-21　草图　　图 1-4-22　局部制作　　图 1-4-23　细节处理　　图 1-4-24　完成

五、作品赏析

图 1-4-25　　　　　　　　图 1-4-26　　　　　　　　图 1-4-27

图 1-4-28　　　　　　　　图 1-4-29

六、案例分析

大班衍纸活动"元宵节　点花灯"

［活动目标］

　　1. 通过衍纸基本技法的学习，尝试进行简单技法的使用。

　　2. 锻炼动手能力，提高审美，发挥想象力，引发对美好生活的向往。

［活动准备］

　　材料与工具：卷纸笔、儿童安全剪刀、手工白胶、手工快干胶、衍纸作品范例。

［活动过程］

　　1. 导入新课，老师首先请幼儿思考，马上要过什么节日了？给幼儿播放一些图片，给幼儿启发。

　　2. 引出做花灯这一内容，出示漂亮的衍纸花灯，激发他们创作衍纸花灯的兴趣。

　　3. 教师出示要用到的衍纸，让孩子感受纸的颜色和形状。

　　4. 讲授、示范衍纸的基本制作技法，并请幼儿进行练习。

　　（1）讲解紧卷、松卷的基本卷法。

　　（2）使用直接叠加的方式进行制作。

　　5. 幼儿动手操作。

　　（1）引导幼儿大胆尝试，设计美丽的纹样。

　　（2）将设计制作好的纹样贴到花灯上。

　　6. 将幼儿的作品布置在幼儿园环境中，供大家欣赏（图 1-4-30）。

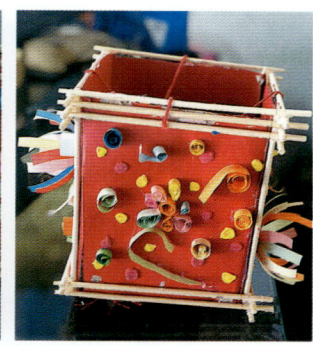

图 1-4-30　幼儿作品

教学活动指导要领：

1. 选择适当的载体。衍纸是一种看似复杂、不好操作的内容，但选用适当的形式，并将其内容简单化，仍然是孩子们喜爱且非常实用的一种艺术形式。

2. 将衍纸与点、线、面的内容进行融合，融入一定的色彩，使幼儿在线条和彩色上得到一定的提升。

3. 美源于生活，让孩子把美的作品形式与生活中的实际运用结合在一起，将美术作品中的美与生活中的物品联系起来，提高作品的实用性。教师还可以用幼儿的作品进行幼儿园环境的美化与装饰。

练习与实训

1. 在幼儿园如何将衍纸活动与幼儿园教学结合？衍纸活动中的色彩运用应注意哪些问题，才能创作出丰富精彩的作品？

2. 练习掌握衍纸的各种基本技法，并观摩其在幼儿园美术活动中的运用。

3. 以"我的最爱"为主题，创作衍纸画一幅。

拓展链接

1. 塞纳·鲁纳

艺术家塞纳·鲁纳居住在土耳其的伊斯坦布尔。塞纳曾经是一位混迹于职场的职业人士，一次非常偶然的机会，他在网络上接触到了衍纸艺术作品并产生了浓厚的兴趣，于是便开始踏上艺术创作的"不归路"。最终他辞去一份"体面的"工作，全身心地投入到衍纸的艺术创作中去。

塞纳衍纸大师擅长使用冷色系，加上少量的暖色系点缀，用强烈的对比来形成自己的作品风格，令人印象深刻（图1-4-31）。

图 1-4-31　塞纳衍纸作品

2. 尤利亚·布罗茨卡娅

现居住在伦敦的俄罗斯美女艺术家尤利亚·布罗茨卡娅用再平凡不过的纸和胶水创作出一幅幅巧夺天工的艺术品。其作品充满强烈的童话色彩，对字体和线条的巧妙运用让作品充满了生机和诗情画意，细节之处更是将设计师的奇思妙想体现得淋漓尽致。她的作品，无论是色彩、造型，还是质感，都令人惊叹。每幅作品都闪烁着她的灵性与智慧（图1-4-32）。

1983年出生于莫斯科的尤利亚最初是一名平面设计师和插画师。从英国赫特福德大学取得平面设计硕士学位后，尤利亚开始尝试将纸、字体设计、精致的手工艺术品等她自己最喜欢的几个元素结合在一起放入创作中。不久之后，她便决定放弃图形软件转而用"纸"来作为创作媒介。她说道："纸对我来说一直有种神秘的吸引力。我尝试了无数种应用纸的技巧和方法，直到找到一种最适合我的创作方式。现在，我用纸来作画，而不只是在纸上作画。"

图1-4-32　尤利亚的艺术作品

第五节　立体卡

一、立体卡的起源和发展

20世纪后半叶，立体卡首次出现在儿童读物中。不过，早在13世纪，儿童书中就有了立体卡的雏形，他们大多以可以打开的"纸窗户"的形式出现。20世纪中叶，大批美国艺术家和出版商受到立体卡的影响，发行了他们自己的设计，英国也受到这股潮流的影响。至今，美国、英国出现了大量令人惊叹的立体卡艺术作品（图1-5-1）。

图1-5-1　立体绘本

二、工具与材料

工具：铅笔、尺子和量角器、剪刀、美工刀、切割垫、金属尺、胶水、胶带（图1-5-2）。

材料：卡纸（图1-5-3）。

图1-5-2　立体卡制作工具

图1-5-3　各种卡纸

三、基本技法

（一）剪切型立体卡

立体卡的制作所表达的质感是任何纸艺作品所不能企及的，成功制作立体卡的秘诀就在于最大限度地遵循剪纸和折纸的基本原则。

制作剪切型立体卡主要采用切割和折叠的技法。将卡片以90度角展开，立体效果呈现眼前，继续展开则恢复为平面效果。一般说来，这类立体卡的制作很少用到胶水。

1. 单切口立体卡

将卡纸对折，从对折线任意一点开始剪一条垂直于对折线的切口，沿下图中的三条折痕将三角形往后、前折叠。展开立体卡，将卡纸沿中心的峰折线向前推起，再将卡片合拢，可以重新变回平面（图1-5-4）。

其他单切口立体卡的形式见图1-5-5、图1-5-6。

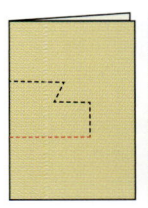  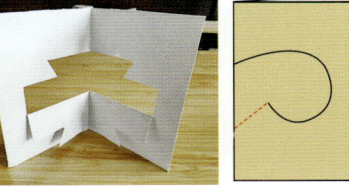 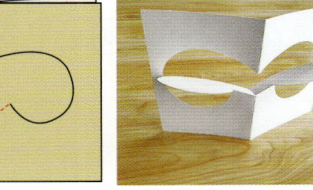 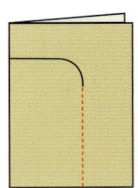 

图1-5-4　单切口图示及作品（1）　　图1-5-5　单切口图示及作品（2）　　图1-5-6　单切口图示及作品（3）

2. 双切口立体卡

双切口立体卡包含两个切口，基本技法和单切口相同，但是双切口立体卡创意空间更多一些。

从对折线的任意两点开始，分别剪两个平行切口，切口与对折线垂直，再将两切口之间部分折叠。打开卡片，将中心部分拉向自己，其中对折边的部分要改为峰折，最后合上卡片，用力压平以加深折痕（图1-5-7）。

其他双切口立体卡的形式见图1-5-8~图1-5-10。

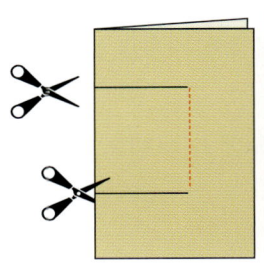  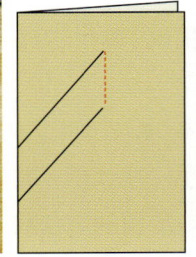 

图1-5-7　双切口图示及作品（1）　　图1-5-8　双切口图示及作品（2）

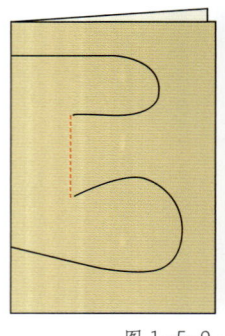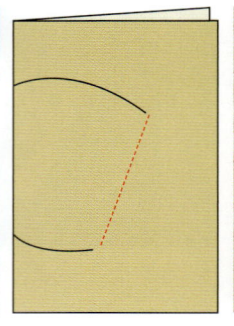

图 1-5-9　双切口图示及作品（3）　　　　　　图 1-5-10　双切口图示及作品（4）

3. 不对称切口立体卡

在之前两种对称立体卡的基础上增加创意性，经过计算完成不对称的立体卡。制作不对称立体卡需要遵循一个原则：两条谷线和一条峰折线必须与卡纸的对折线平行。这其中一定要经过严格的测量才能具体进行制作。具体制作步骤如下（图 1-5-11）：

（1）画出卡纸的对折线，不要对折卡纸，而是用尺子测量两条长边的中点，用铅笔连接两点。再画两条穿过对折线的平行切割线，注意这两条线不对称于对折线。

（2）画两条平行于对折线的谷折线。

（3）用尺子测量对折线与距离较近的那条谷折线的长度，再从距离较远的那条谷折线向中心方向标出同样的长度，从标记处开始画一条平行于对折线的峰折线。

（4）用橡皮擦去对折线的中心部分，用美工刀沿平行切线进行切割，然后加深各条折痕，最后按照折痕完成立体卡。

其他不对称切口的形式见图 1-5-12~图 1-5-14。

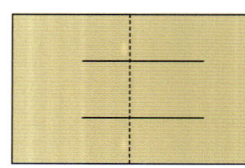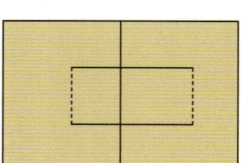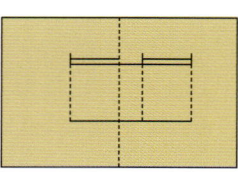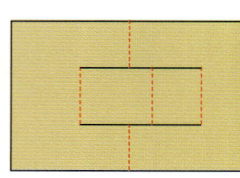

图 1-5-11　不对称切口图示及作品（1）

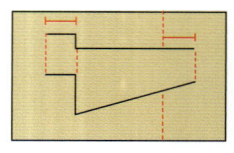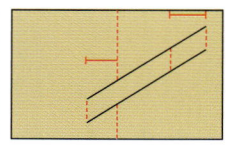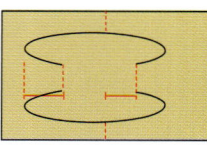

图 1-5-12　不对称切口图示及作品（2）　图 1-5-13　不对称切口图示及作品（3）　图 1-5-14　不对称切口图示及作品（4）

4. 阶梯型立体卡

每一张立体卡都是在原有折叠线上再生成新的折叠线制作而成的，而新的折叠线又可以有新的折叠线生成。制作阶梯型立体卡就要遵循此类原则。具体制作步骤如下（图 1-5-15）：

（1）先做一个基本的双切口立体卡，在新的折叠线上剪出两条平行的切割线，宽度要比开始的切割线小一些，但是形状相同。

（2）继续按照上一步骤的方法将切割线呈阶梯状延续，直至空间用完。

其他阶梯型立体卡的形式见图 1-5-16~图 1-5-18。

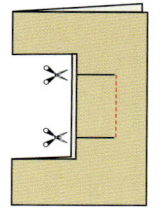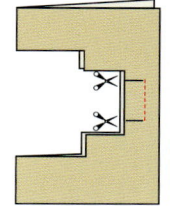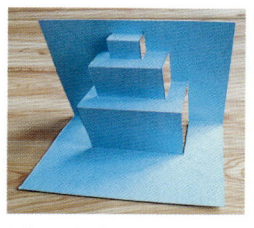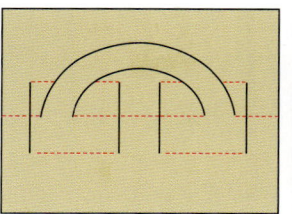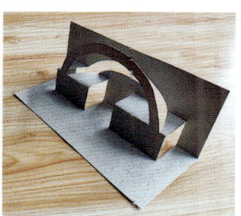

图 1-5-15　阶梯型图示及作品（1）　　　　图 1-5-16　阶梯型图示及作品（2）

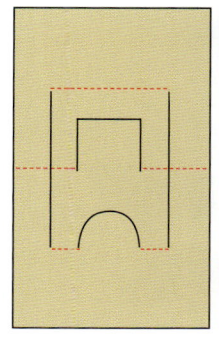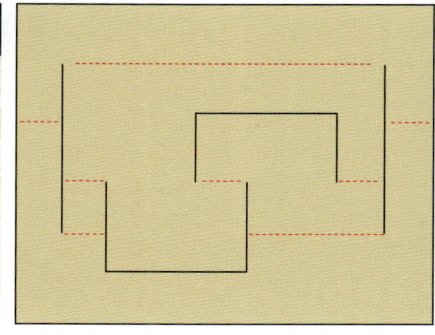

图 1-5-17　阶梯型图示及作品（3）　　　　图 1-5-18　阶梯型图示及作品（4）

（二）多部件立体卡

多部件立体卡主要是指在其他的纸上造型，再粘贴到背景板上，随着背景板的变化而产生的立体卡的效果。和剪切型立体卡不同的是，多部件立体卡要展开到180度才可以呈现出立体的效果。

1. 水平 V 型立体卡

（1）在卡纸上剪出一个长方形，分别进行谷折和峰折的操作，再在谷折线下方的底边中心剪一个三角形的小开口。

（2）将长方形按折线折好，使底部的两个粘贴条向外，在粘贴条上分别涂上胶水。将背景板对折，把其中一个粘贴条贴在背景板上，步骤（1）中的小三角口顶点要位于背景板上的对折线上。将背景板对折并按压，使另外一个粘贴条与背景板贴合（图1-5-19）。

其他水平 V 型卡的形式见图 1-5-20~ 图 1-5-22。

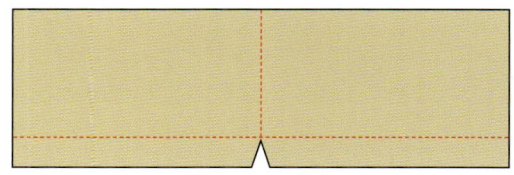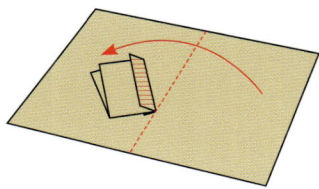

图 1-5-19　水平 V 型图示及作品（1）

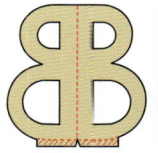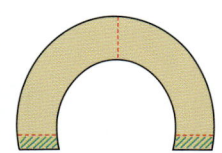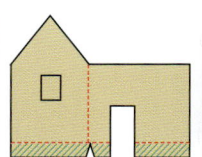

图 1-5-20　水平 V 型图示及作品（2）　　图 1-5-21　水平 V 型图示及作品（3）　　图 1-5-22　水平 V 型图示及作品（4）

2. 多层立体卡

这种立体卡的形式层次分明,很像多层蛋糕。

(1)制作三个立柱,对纸片进行折叠和剪切操作。展开,在整个表面涂上胶水,并对折黏合。

(2)先将背景卡纸对折,然后将三个柱子分别粘贴在背景板上,其中一个柱子在背景板的对折线的正上方,其余两个平均分在对折线的两侧。剪一个较大的长方形,将其对折,再粘贴至立柱顶端,谷折线正好位于背景板对折线的正上方。

(3)多层立体卡完成图(图1-5-23)。

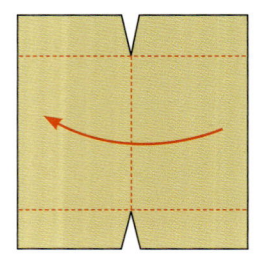 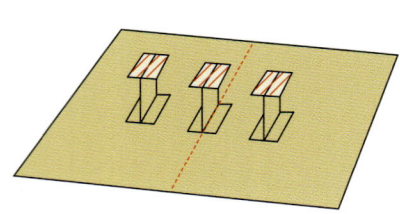 

图1-5-23　多层立体卡图示及作品

四、立体卡的创作过程

以"可爱的小狮子"为例,介绍立体卡的创作过程。

第一步:设计草图,确定各个部分使用的立体方式(图1-5-24)。

第二步:将设计内容的各个部分剪出来(图1-5-25~图1-5-28)。

第三步:进行组装、整合(图1-5-29、图1-5-30)。

第四步:完成作品(图1-5-31)。

图1-5-24　草图　　　　图1-5-25　　　　　　图1-5-26　　　　　　图1-5-27

图1-5-28　　　　　　图1-5-29　　　　　　图1-5-30　　　　　　图1-5-31

五、作品赏析

图 1-5-32

图 1-5-33

图 1-5-34

图 1-5-35

图 1-5-36

图 1-5-37

六、案例分析

中班手工活动"有趣的立体画"

［活动目标］

  1. 感受立体画的趣味性。

  2. 通过介绍、讨论和示范，掌握基本的折叠方式，并制作立体画。

  3. 能够大胆地表述自己的想法。

［活动准备］

  1. 了解《小老鼠娶亲》的故事内容。

  2. 卡纸、油画棒、色笔、剪刀、胶棒。

  3. 范例作品和半成品。

［活动过程］

  1. 教师提问，引起幼儿兴趣。

  （1）教师：前两天我们听了《小老鼠娶亲》的故事，你还记得故事里有谁吗？故事发生在什么地方呢？

  （2）幼儿回忆故事内容并讲述。

  2. 教师出示范例作品，引导幼儿探索方法。

  （1）教师：老师把这个故事用手工的方式做了出来，你们看。

  （2）教师：我的作品和以前我们做过的可不太一样，我的这个作品里的小动物都是立体的。

（3）教师展示图案后面的秘密。

教师：在小动物的后面有个秘密，请你们来看一看。

（4）引导幼儿回忆、示范折叠弹簧的方法。

教师：原来在小动物的后面有个弹簧，你们还记得弹簧是怎样折的吗？请个别幼儿示范折"弹簧"。

（5）教师展示其他的范例作品。

教师：我这里还有一个呢，这个作品和前面的有什么不一样呢？（一个是竖着打开的，一个是横着打开的；后面的"弹簧"是正反折的）

教师总结：我们先在底板上画好树林，再把小动物从底纸上取下来涂上颜色，最后可以用正反折或者弹簧折的方法把小动物固定在底板上，这样一幅立体的作品就完成了。

3. 幼儿操作，教师指导。

指导重点：

（1）按照操作的顺序进行创作。

（2）为能力弱的幼儿提供帮助。

4. 幼儿展示自己的作品。

教师将幼儿的作品陈列出来，请幼儿讲述自己的故事。

教学活动指导要领：

1. 立体画活动的乐趣在于把平面的纸做出了立体的质感。在引导过程中应充分利用贺卡打开瞬间的效果引出幼儿的新奇感和好奇心。

2. 制作时，技法不宜过于复杂，单切口和双切口的基本技法即可。重在感受立体卡的形式和立体效果。

3. 立体画活动也可作为节日的亲子活动课程，让幼儿和爸爸妈妈一起制作，感受亲子活动的乐趣。

 练习与实训

1. 立体卡作品制作技法相对复杂，制作时可以考虑亲子课程，亲子课程的设计要点是什么？如何让幼儿能够参与其中？

2. 练习掌握立体卡的各种基本技法，并尝试利用基本技法进行制作。

3. 以"送给我的妈妈"为主题，创作立体卡一张。

 拓展链接

1. 洛萨·梅根多夫

洛萨·梅根多夫（1847—1925），出生于慕尼黑，德国插图画师、漫画家，著名的立体工艺大师。

他从1866年开始为幽默漫画周刊《飞的树叶》撰写内容和绘制插画。1868年开始为双周刊《慕尼黑人连环画》工作。从1880年开始了他的长篇连载《慕尼黑人连环画》，一份艺术和讽刺类的漫画杂志。19世纪90年代，他还和文字作者朱利叶斯·贝克合作，出版了一系列书籍，包括一系列趣味换景结构、活动机械结构，以及开创性的全场景结构。另外，他还发明了40多种棋盘游戏。

梅根多夫的第一件活动书作品叫作《生活照片》（1878），本来是作为自己的儿子阿道夫的圣诞礼物。从此之后，他接连创作、设计、出版了将近两百本活动书或立体书作品。他的作品不仅有德文版和英文版，还被翻译成许多语言广泛发行。

梅根多夫的活动书在体裁和技术上的第一个创新，是运用了复杂的机械式结构原理。通过一个拉手的拉动，带动一系列复杂的结构联动，让页面上的形象表现出栩栩如生的动作来。流畅的画面、复杂的结构和创新的表现形式，立刻和他久负盛名的幽默插画和韵律诗一样广受好评（图1-5-38~图1-5-43）。

图1-5-38　　　　　　　图1-5-39

 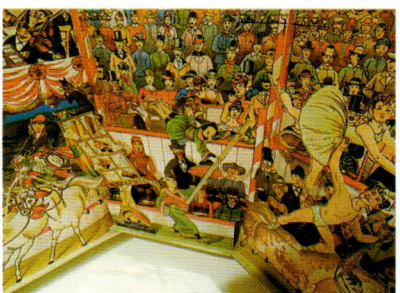

图1-5-40　万国马戏团（1）　　　图1-5-41　万国马戏团（2）

图1-5-42　城市公园（1）　　　图1-5-43　城市公园（2）

2.《欢乐中国年》

立体翻翻书《欢乐中国年》，用立体书的形式诠释中国年的由来及习俗，让孩子在趣味互动中了解中国传统节日文化。如今，立体书的形式在幼儿绘本中广泛使用，更加形象生动地表现主体内容。

图 1-5-44 《欢乐中国年》

模块二
布工

【本模块概要】

布工是布上的艺术,是中国民间工艺的传承形式,这种独特的形式逐渐融入我们的生活中,并深受人们的喜爱。本模块将从线的形式开始对中国结进行简单概括的讲解,进而深入到布工的基本缝制方法、设计原则、制作方法等进行全面的讲解,分析不同布工的表现形式及在幼儿园中的实际运用。

【学习目标】

1. 了解线绳、不织布、袜子等各种材料,感受不同材料的不同特征,运用各种材料的特性制作出环境创设及幼儿教学所需的造型。

2. 掌握设计构图和制作技法,能够独立完成特定的造型,培养动手能力,提高审美能力。

3. 理解与掌握幼儿布工活动的指导要领。

第一节 绳结

一、绳结概述

绳结是指以绳打出的各式各样的"结"。结,有多义,用绳所打的"花结"有盘长、方胜等。盘长即"八吉",引申之为"百吉"。绳结还可打出很多花样,用于衣饰什物,并有吉祥之寓意。

绳结是登山运动中发挥绳索作用的手段之一,有三十多种式样,常用的主要有拴马扣(图2-1-1)、通过结、抓结(图2-1-2)、马镫结、平结(图2-1-3)和交织结等。

图2-1-1 拴马扣

图2-1-2 普鲁士抓结

图2-1-3 平结

中国结是一种中国特有的手工编织工艺品,它所显示的精致与智慧是中华古老文明的一个侧面。它原本是旧石器时代的缝衣打结,后发展至汉朝的仪礼记事,再演变成今日的装饰手艺。

周朝人随身佩戴的玉常以中国结为装饰,而战国时代的铜器上也有中国结的图案,延续至清朝中国结才真正成为盛传于民间的艺术。当代中国结多用来装饰室内、亲友间的礼物馈赠及个人的随身饰物。因其外观对称精致,可以代表中国悠久的历史,符合中国传统装饰的习俗和审美观念,故命名为中国结。

中国结有双钱结、纽扣结、琵琶结、团锦结、十字结、吉祥结、万字结、盘长结、藻井结、双联结、锦囊结等多种结式(图2-1-4~图2-1-12)。中国结代表着团结、幸福、平安,特别是在民间,它精致的做工深受大众的喜爱。

图2-1-4 双钱结

图2-1-5 纽扣结

图2-1-6 琵琶结

图2-1-7 团锦结

图2-1-8 十字结

图2-1-9 吉祥结

图 2-1-10 万字结

图 2-1-11 藻井结

图 2-1-12 锦囊结

二、工具与材料

1. 必备工具

镊子：用于编结时的穿、压、挑、拉。

大头针：用于在泡沫板上固定线路。

泡沫板：作为大头针的承载体。

打火机：用来烧线头。

剪子：用于修绳剪线。

胶棒：用来粘连接头，固定形状。

针线：用来缝制暗线，固定结形或镶嵌配件。

2. 线材

图 2-1-13 绳结的工具与材料

选择线材很重要，要根据所编结饰而定。选择合适的线材，往往会达到意想不到的效果。线绳的种类很多，如棉、毛、丝、麻、塑料、皮革等材料制成的绳、线均可，目前最通用的是韩国丝、如意带。此外还需要金线用于扎系流苏或结体部位；锦纶丝用于制作流苏（亦称穗）。

3. 必备材料配件

除结饰主体佩饰外皆属配件，如玉石、银饰、木雕、瓷珠、木牌等。

三、基本绳结方法

1. 平结（图 2-1-14）

将左右两侧的绳子交替在芯绳上打结，这是经常使用的编结方法。

（1）将 A 绳放到芯绳上，再将 B 绳放在其上方。

（2）将 B 绳从芯绳的后面穿过来。

（3）向左右两侧拉紧。

（4）按照与步骤（1）对称的位置叠放 2 根绳子，将 B 绳穿过来。

（5）向左右两侧拉紧，一个左上平结就编织完成了。

图 2-1-14 平结

（6）按照步骤（1）~（5）相对称的位置编结完成右上平结。

（7）如果芯绳部分可以看到缝隙，就反复多次向上推已经编好的结，使其变得更加整齐（图 2-1-15）。

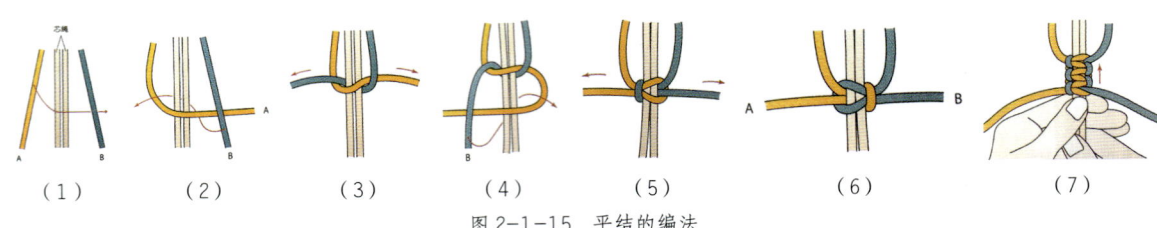

（1） （2） （3） （4） （5） （6） （7）

图 2-1-15 平结的编法

2. 扭结（图 2-1-16）

扭结是平结的应用，每次将同一侧的绳子放在芯绳上编结。

左上扭结重复平结步骤（1）~（3），右上扭结重复平结步骤（4）~（5）（图 2-1-17）。

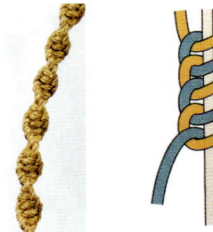 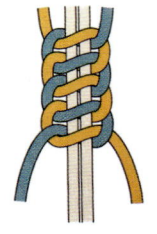 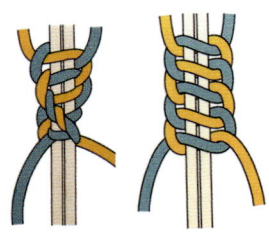 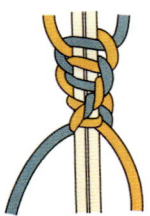

图 2-1-16 扭结　　　　　　　图 2-1-17 扭结的编法

3. 环结（图 2-1-18）

用绳子的一端绕着芯绳打圈来编结。

左环结用绳子围着芯绳绕一圈拉紧，连续按上述方法绕圈后编结，右环结用绳子围着芯绳绕一圈拉紧，连续按上述方法绕圈后编结（图 2-1-19）。

 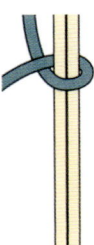 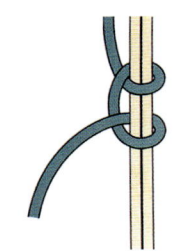 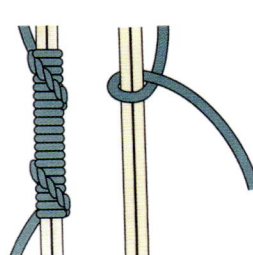 

图 2-1-18 环结　　　　　　　图 2-1-19 环结的编法

4. 雀头结（图 2-1-20）

雀头结是环结的应用，把一边绳子的两端围绕芯绳从上到下交替 2 次缠绕在芯绳上编结。

右雀头结用绳子围着芯绳从上方打圈拉紧，按图 2-1-21 中箭头所示方向从下方绕圈拉紧编好一个，然后再连续编结。

左雀头结用绳子围着芯绳从上方打圈拉紧，按图 2-1-21 中箭头所示方向从下方打圈拉紧编好一个，然后再连续编结（图 2-1-21）。

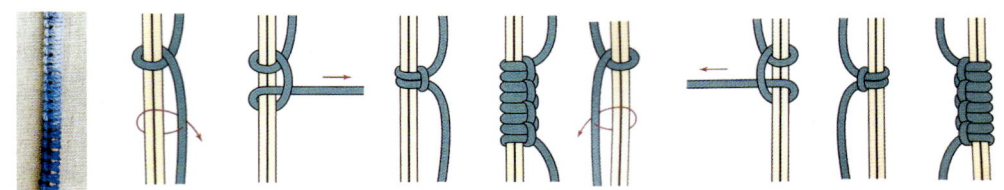

图 2-1-20 雀头结　　　　　　图 2-1-21 雀头结的编法

5. 三股辫（图 2-1-22）

将 3 根绳子左右交替放入其内侧绳，将 A 绳放到 B 绳上方，将 C 绳放到 A 绳上方，依次重复，将外侧的绳子放入到内侧编结并拉紧（图 2-1-23）。

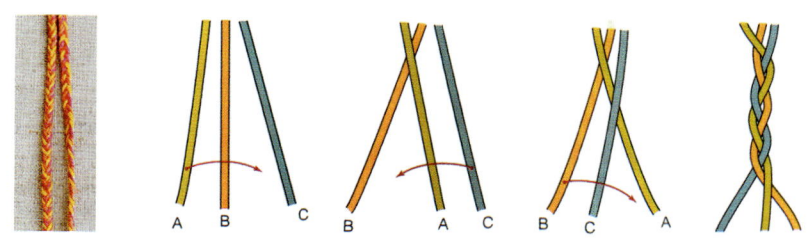

图 2-1-22　三股辫　　　　　　图 2-1-23　三股辫的编法

6. 四股辫（图 2-1-24）

用 4 根绳子，将两端的绳子放入内侧编。

（1）将 C 绳放到 B 绳上方，将 D 绳从 B 绳、C 绳下方绕过来，再将其放到 C 绳和 B 绳之间。

（2）将 A 绳从 C 绳、D 绳下方绕过来，再将其从上方放入到 D 绳和 C 绳之间。

（3）将 B 绳从 D 绳、A 绳下方绕过来，再将其从上方放入到 A 绳和 D 绳之间。

（4）将 C 绳从 A 绳、B 绳下方绕过来，再将其从上方放入到 A 绳和 B 绳之间。重复步骤（1）~（4）并将绳子拉紧即可（图 2-1-25）。

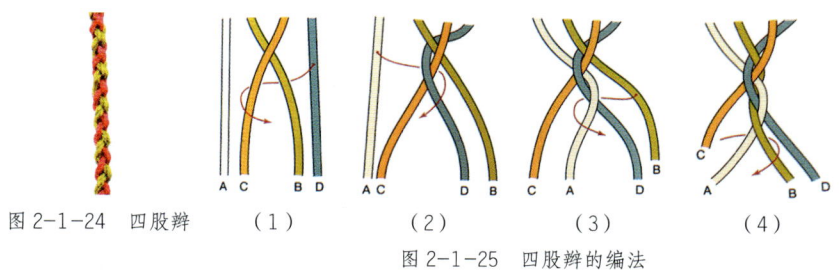

图 2-1-24　四股辫　　（1）　　（2）　　（3）　　（4）

图 2-1-25　四股辫的编法

7. 圆形四宝结（图 2-1-26）

将 4 根绳子摆成十字状，向右编结，多次反复后编成圆柱状。

（1）将 4 根绳子相交叉摆放成十字的形状。

（2）将 A 绳放在 B 绳上。

（3）朝着向右的方向，将 B 绳放到 A 绳和 C 绳的上方，再将 C 绳叠放到 B 绳和 D 绳上方，最后将 D 绳穿过 A 绳叠在 B 绳上时形成的环。

（4）按箭头所示方向将各根绳子拉紧。

（5）完成，重复步骤（2）~（4）（图 2-1-27）。

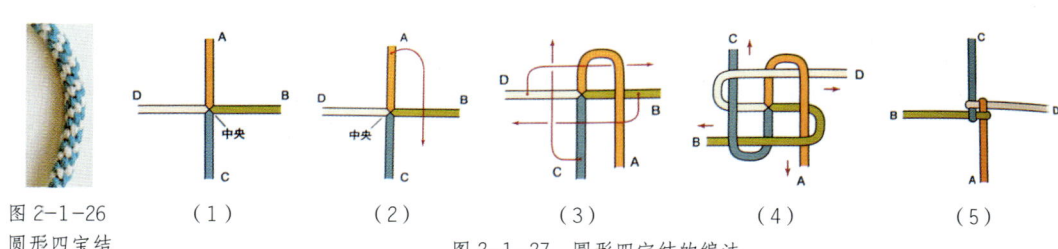

图 2-1-26　　（1）　　　（2）　　　（3）　　　（4）　　　（5）
圆形四宝结　　　　　　图 2-1-27　圆形四宝结的编法

8. 方形四宝结（图2-1-28）

每编一圈四宝结后再逆时针编结，多次反复后编成方柱状。

（1）编一个圆形四宝结后，将C绳叠放到B绳上。

（2）朝着向左的方向，将B绳放在C绳和A绳的上方，将A绳叠放在B绳和D绳上方，最后将D绳穿过C绳叠在B绳时形成的环。

（3）按照箭头所示方向将各根绳子拉紧。

（4）完成，重复步骤（1）~（3）（图2-1-29）。

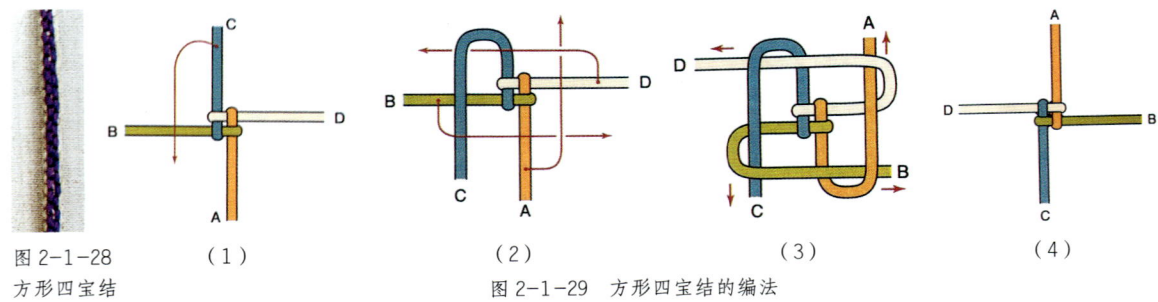

图2-1-28 方形四宝结　　（1）　　　　　　　　（2）　　　　　　　　（3）　　　　　　　　（4）

图2-1-29 方形四宝结的编法

四、常见绳结制作

1. 双扭结手链

材料：芯绳60cm，黄色、绿色结绳170cm（图2-1-30）。

（1）编三股辫后，用黄色绳子编平结。

（2）左侧将绿色绳子放在下面，黄色绳子放在上面，右侧将黄色绳子放在下面，绿色绳子放在上面，用黄色绳子编1个左上扭结。

（3）用绿色绳子编1个左上扭结，注意绳子的上下位置要按照步骤（2）进行摆放。

（4）用两种颜色的结绳各编1个结，然后按照步骤（2）、（3）重复2次。

（5）两种颜色的结绳纵向延伸，编3个结。

（6）按照箭头所示进行调换编结。

（7）重复步骤（2）~（5）。

（8）用各条结绳各编五六个结后，变换绳子的位置，重复编结。

（9）完成（图2-1-31）。

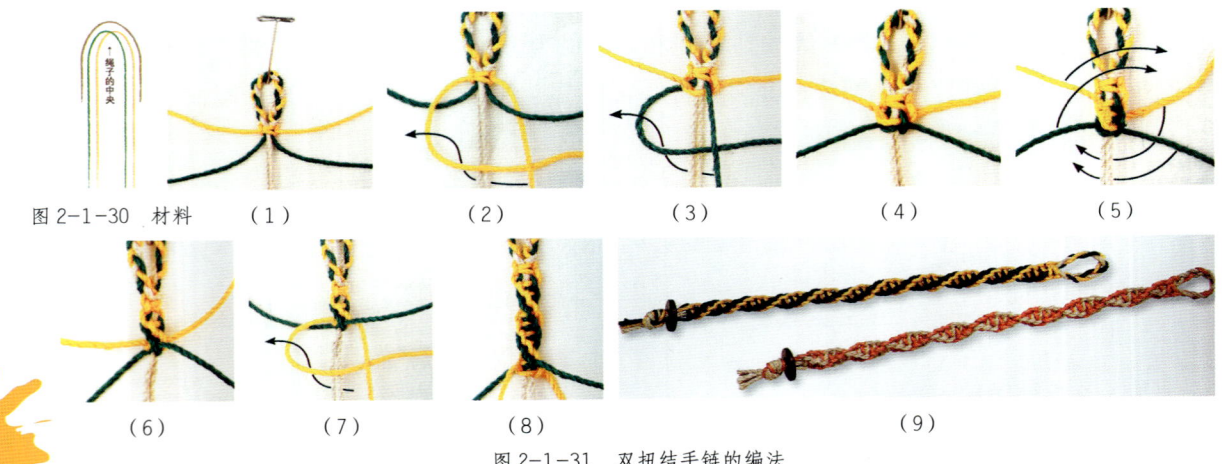

图2-1-30 材料　　（1）　　　　（2）　　　　（3）　　　　（4）　　　　（5）

（6）　　　　（7）　　　　（8）　　　　　　　　（9）

图2-1-31 双扭结手链的编法

2.戒指

材料：55cm 槐树色、蓝色麻绳各 1 根，木质串珠 1 颗。

（1）将蓝色绳子穿过串珠，将绳子交叉，使其形成一个圆形。

（2）在绳子的交叉部位用槐树色绳子打死结，如箭头所示方向编平结。

（3）此处平结编 1.5cm 长。

（4）将槐树色的芯绳拉到外侧，将 1 根蓝色绳子作为芯绳，继续编平结。

（5）编到一半戴到手指上确认大小。

（6）用结绳夹住之前穿过去的木质串珠继续编平结。

（7）编 3 个平结后，拉动最初剩下的 5cm 蓝色绳子的一端。

（8）将环缩小到最终成型的尺寸。

（9）将在步骤（7）中拉动的蓝色绳子的一端也放入芯绳中，编平结直到最后。

（10）编好结束后，最后在外侧编本结，将绳端剪断，用粘合剂固定在打结处，也将其他绳子的绳端分别在适当的位置剪断（图 2-1-32）。

（11）完成（图 2-1-32）。

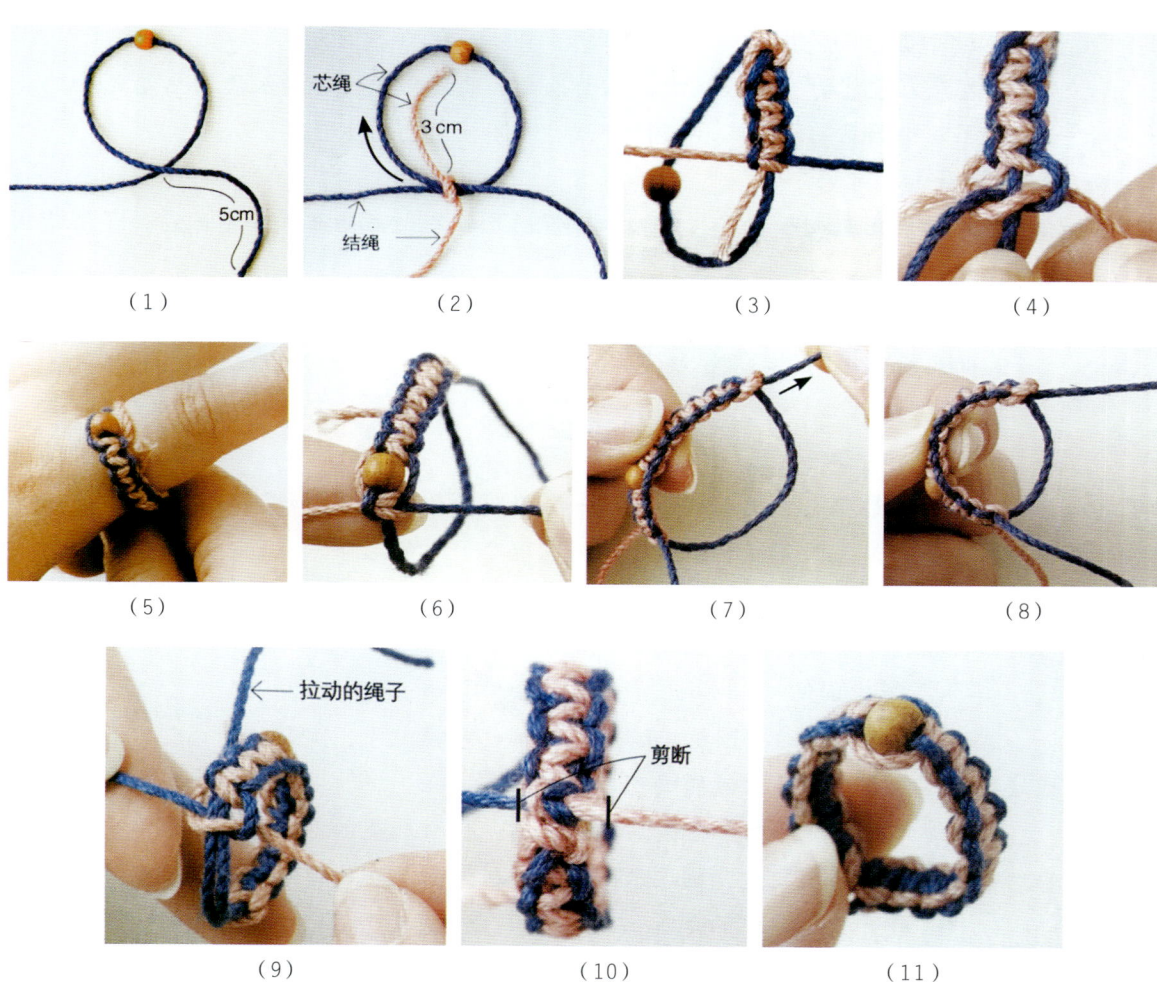

图 2-1-32 戒指的编法

五、绳结作品赏析

图 2-1-33　　　　　　图 2-1-34　　　　　图 2-1-35　　　　　图 2-1-36

六、案例分析

大班绳结活动"漂亮的中国结"

[活动目标]

1. 初步了解关于中国结的初浅知识，欣赏中国结的多样性，感受中国结的美，产生喜爱中国结的情感。

2. 发展动手能力，体验编中国结的乐趣，萌发对中国劳动人民的热爱之情。

3. 了解中国结的编织工具与材料，尝试学编简单的十字结。

[活动准备]

1. 请家长在本次活动前利用双休日带幼儿欣赏大商场布置的中国结，了解中国结的多种式样。

2. 收集各种各样的中国结挂件、图片、书籍等布置在教室内。

3. 幼儿纺织用的材料：红丝线。

[活动过程]

（一）故事导入，引出主题

1. 今天，老师给小朋友们带来了一个好听的故事，在听故事之前给小朋友一个任务，希望大家在听完故事之后，能给它取个好听的名字。

2. 小朋友们看，我们教室内悬挂着许多美丽的艺术品，这些艺术品是我们中国特有的，猜猜是什么？（中国结）

（二）了解中国结

1. 这些挂在墙上的中国结，小朋友们都已经摸过了，也仔细地看过了，你们知道这些中国结都是用什么做的吗？

2. 你看到的中国结都是什么形状的？它是什么颜色的？（有红色的如意结、鱼形结，还有金色的平安结、福字结……）

3. 中国结里颜色最多的是什么颜色？（主要是红色）还有什么颜色？（金色、蓝色、绿色）为什么要用这些颜色？（这些颜色看上去特别喜庆、美丽，代表如意、吉祥）

4. （教师出示鱼形结、如意结、饰品结、平安结）谁来说说这些中国结的图案

代表什么意思?(幼儿讨论回答)

5. 你们喜欢中国结吗?为什么?你家有中国结吗?你还在哪里见过中国结?我们中国人喜欢中国结,外国人也喜欢中国结。他们到中国来旅游,总喜欢把中国结带回家,看我们的中国结有这么多人喜欢,真棒!作为一名中国人我们感到无比的自豪!

6. 中国结既美丽又带着美好的祝愿,所以大家都喜欢它。

(三)尝试编织简单的中国结(十字结)

1. 认识编织材料和工具

(1)大家都说中国结漂亮,又很喜欢它,那我们今天也来动手编一款中国结好吗?

(2)你们想想编中国结需要一些什么材料?

2. 尝试操作

(1)教师引导幼儿观察老师制作的中国结(十字结)是什么样子的?

(2)幼儿尝试编"十字结",教师观察并进行个别指导。

[活动延伸]

幼儿讲讲你的中国结表示了什么祝愿?请你为自己的中国结取个好听的名字,并向对方(亲人、朋友、同伴)表达美好的祝愿。

教学活动的指导要领:

绳结制作工艺较为复杂,在幼儿园大多数用于教室环境布置、教学的辅助工具或者节日、演出的装饰品等。如果在幼儿中开展绳结制作活动,需要注意:

1. 课前在材料的选择上要和家长沟通好,最好是选用准备好的成品材料包。

2. 在制作时,教师应选择简单易操作的,实用性、装饰性较强的绳结方法开展活动,如平结、扭结、十字结等,这样能够使家长和孩子更好地参与活动,提高活动参与度。

3. 可采用小组合作的方式开展活动。将幼儿和家长分成小组,每组都制作同一种绳结,教师引导孩子和家长在小组中展开讨论,一起动手动脑,共同完成绳结的编制。这样,在孩子体验成功与乐趣的同时,也加强了与家长之间的交流。

 练习与实训

1. 幼儿园的绳结制作活动如何进行?

2. 绳结基本技法在制作时如何恰当使用?绳结在幼儿园中如何应用?

3. 以"过新年"为主题制作中国结,要求合理运用基本绳结方法,主题鲜明,营造出"新年快乐"的氛围。

 拓展链接

青花瓷珠的中国结

1. 工具材料:中国结线(粗2mm)、流苏线、青花瓷珠、剪刀、打火机、尺子、大头针、塑料泡沫板等(图2-1-37)。

图2-1-37 工具材料

2. 制作过程

（1）裁一条长450cm的中国结线对折，在对折处编一个纽扣结，抽动绳子，将纽扣结挪到绳头对折的尽头（图2-1-38）。

图2-1-38　步骤（1）

（2）隔一段距离打一个双联结，在两个结中间放进青花瓷珠试一下这两个结之间的距离和大小，从双联结处引出的两条绳子编麦穗结（图2-1-39）。

图2-1-39　步骤（2）

（3）麦穗结编30cm长，在麦穗结的尾端再打上一个双联结，将剩下的绳子用大头针固定在塑料泡沫板上，围成十字形（图2-1-40）。

图2-1-40　步骤（3）

（4）沿着顺时针方向，将上部分折到下方，再将右部分折到左方，再将原来的下部分向上折，再用原来的左部分向右折，顺时针地一个压一个抽紧，再按照刚才的步骤，逆时针再来一遍，拔掉大头针，取下来抽紧，注意要把四边的小耳朵抽成大小对称的花边，一个漂亮的吉祥结就打好了（图2-1-41）。

图2-1-41　步骤（4）

(5) 在吉祥结下方打个八字结，穿上大青花瓷珠，接着分别打纽扣结、双联结，如图隔开一定的距离，这样珠子下方三个线结中间就形成大小两段空隙（为了下一步绑流苏用）(图2-1-42)。

(6) 将流苏线裁成长短相同的一把线，底下再垫一根，把青花瓷珠的部分放在裁好的流苏线中间处，用底下垫的那根线拉起来，绑在青花瓷珠下方三个线结间小的那段空隙处，把线一定要绑紧，打个死结（图2-1-43）。

图2-1-42 步骤（5）

(7) 用一根流苏线绑在瓷珠下方线结中间大的空隙处，缠绕几圈打结，剪断绳头，粘胶固定，把流苏整理好，让流苏自然下垂，中国风结合青花瓷珠的中国结就做好了（图2-1-44）。

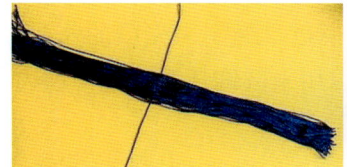    

图2-1-43 步骤（6）　　　　　　　　　图2-1-44 步骤（7）

第二节　布贴画

一、布贴画概述

布贴画是一种古老的民间贴补工艺，历史久远，广泛流传于民间，又叫布堆画、布摞画、拨花，展示了各地民间历史、风俗习俗、地理环境和审美观所赋予的光彩，具有独特魅力。现今布贴画的工艺得到了延续和发展，当前中国最具代表性的布贴画是延川布贴和阳新布贴。

延川县，地处黄土高原腹地，位于延安以东的黄河岸边，受鄂尔多斯草原的影响和蒙汉民间艺术相互渗透，其民间传统艺术具有独特魅力。延川布贴画就地取材，采用不同色彩、质地、形状的布块，通过布缝和补花布饰手工艺，创造出画面具有浮雕感的布贴画。

阳新布贴画至今已有1500余年的历史，被称为"神奇的东方特有的艺术品"。阳新布贴画是在底布上通过剪样、拼贴、缝制、刺绣制作而成的具有浅浮雕效果的民间艺术品，用于装饰衣服、鞋帽、披肩等穿戴物和帐沿、飘带、布枕及童玩等。阳新布贴图案取材于民间故事、戏曲人物、民俗风情和乡间景物，如观音坐莲、凤戏牡丹、福寿八宝、金鸡鲤鱼、桃榴茶兰等。阳新布贴画具有题材传统、色彩浓烈、造型稚拙、构成浪漫、做工精致、体系丰富等特色（图2-2-1）。

各民族间的民间艺术相互渗透，在民间剪纸、刺绣、壁画、布贴工艺的基础上，学习与改进，取材生活，从中形成了一种新型的工艺布艺画（图2-2-2）。

手工

图2-2-1 阳新布贴画　　　　图2-2-2 工艺布艺画

不织布，又称无纺布，是由定向或随机的纤维构成，是新一代环保材料。具有柔切、质轻、价格低廉等特点。不织布材料比一般的布要厚实和挺阔，缝制时上手较快，且色彩丰富，可塑性强。

不织布贴画，是运用不同颜色的不织布，通过剪裁、拼色、缝制来完成的作品，在叠加过程中体现出厚度与色彩对比之美，不织布贴画可以用来装饰环境，是一项装饰性与实用性并存的手工制作活动。

二、工具与材料

工具：针、线、剪刀、水消笔、乳胶等。

材料：不织布、PP棉、纽扣、彩色珠子等（图2-2-3）。

图2-2-3 工具与材料

三、基本针法

1. 平针缝

先从布背后入针，再从布表面入针，一针一线向前缝，针目间距约3mm，从布的表面看起来是一段一段的线（图2-2-4）。

2. 打结缝

将线重复绕针数圈后，再将针头往布内出针处穿入，布面便会有一个结（图2-2-5）。

图2-2-4 平针缝　　　　图2-2-5 打结缝

3. 卷针缝

入针的位置都是同一个方向，例如，从表面入针到里布出来，下一针仍从表面入里面出，重复这一动作。针目间距可依需求调整，从布的侧面可以看出一圈一圈的缝线，通常用于收边或是将两块布缝合（图2-2-6）。

4. 锁边缝

从布表面入针穿过缝到背面，下一针一样，从布表面入针，入针时，使缝线形成一环状，将针头直接套入线环状内，让针从线洞中穿出来，反复这一动作，布边即会形成一个如η字形的线框（图2-2-7）。

5.回针缝

背面出针，正面入针，背面隔一小段出针，往回再入针，反复如此（图2-2-8）。

6.贴布缝

贴着要缝的布边缘出针，在贴布片里3mm处入针，隔一段再出针，边缘处入针，重复上面步骤缝一圈（图2-2-9）。

 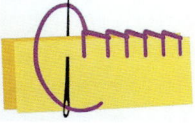 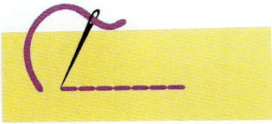 

图2-2-6 卷针缝　　图2-2-7 锁边缝　　图2-2-8 回针缝　　图2-2-9 贴布缝

四、布贴画的制作技法

1.剪贴法

把画稿的反样拓描在不织布上，用剪刀直接剪出分割片，再粘贴组合成整幅画（图2-2-10）。

2.缝制法

用线缝出叶脉、人的五官、服饰的皱褶、装饰等，为了增加画面的立体感、浮雕感，在不织布两片布之间加上pp绵，并用卷针缝或锁边缝缝制（图2-2-11）。

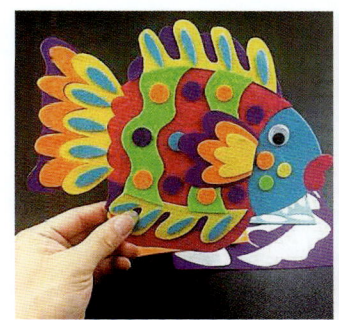   

图2-2-10 剪贴法　　　　　　　　　　图2-2-11 缝制法

五、布贴画的制作步骤

1.构思

将平时收集的各种图片、资料，加以吸收、改造，可选择的题材有：民俗系列、花卉系列、静物系列、人物系列、儿童装饰造型系列（图2-2-12）。

2.设计画稿

根据构思在素描纸上设计出画稿（图2-2-13）。

3.裁剪

根据画稿，按照比例裁剪不织布，然后在背景布上进行位置摆放（图2-2-14）。

4.粘贴

按照物体前后关系，依次从底层用乳胶进行粘贴（图2-2-15）。

图 2-2-12 构思　　图 2-2-13 设计画稿　　图 2-2-14 裁剪　　图 2-2-15 粘贴

六、作品赏析

图 2-2-16　　　　图 2-2-17　　　　图 2-2-18

图 2-2-19　　　　图 2-2-20

七、案例分析

大班手工活动"布艺贴画"

［活动背景］

　　布艺贴画属于民间工艺，从民间美术的角度出发，布艺贴画活动不仅蕴含了一种民间文化的传承，还有用色、布局、图案的学习。就幼儿而言，做这幅画不仅是一种审美能力的提高，也是对民间文化的一种欣赏与学习。

［活动设计］

　　根据幼儿的心理特点，以激趣导入课题，了解变废为美，充分激发幼儿的进取心，调动学习积极性，继而通过欣赏布艺贴画优秀作品，层层递进，使幼儿沉浸在布艺贴画的艺术海洋中，不知不觉产生创作欲望和激情。在教学中，尽可能让幼儿主动参与、自主学习。对幼儿设计的作品进行自评、互评，使幼儿的综合能力得到提高。

〔活动目标〕

1. 用各色碎布、固体胶、卡纸等材料进行粘贴，感受生活中不同的粘贴表现方法。
2. 掌握相关材料的操作规则，保持桌面整洁。
3. 知道布艺贴画是我国的一项传统民间工艺。

〔活动重点〕

设计一张图案简洁、主题突出、色彩鲜艳的布艺剪贴画作品。

〔活动准备〕

范画、各色不织布、固体胶棒、双面胶、卡纸、剪刀等。

〔活动过程〕

1. 导入

教师：小朋友们，老师今天带来了一些材料（布），平时我们都把它们变成废品扔掉，其实它们也可以变成一幅美丽的作品，（出示作品）我们一起来看看好不好？

2. 讲授新课

（1）欣赏范画。老师这里有一些粘贴画，和你平时的画作有什么不同呢？（它是用布粘贴而成）布贴画是我们用日常生活中废旧的布做成的，老师介绍一下布贴画的传统。

（2）制作方法：请幼儿猜猜它是怎样制作的？

第一步，设计图样，观看老师的设计图样。

第二步，裁剪布片，请幼儿观察老师是怎样裁剪的，怎样挑布的颜色的？

我特意选了棕色的布做树干，绿色的布做树叶。裁剪完了，我们该怎么办？是不是直接粘贴？老师建议你们先摆一摆，再进行粘贴。孩子们请看老师是怎样进行粘贴的？（演示粘贴）

（3）除了用布片粘贴画面外，我们还可以用什么装饰画面呢？对，我们不要忘记了身边的彩笔，用它可以添加一些布片装饰不出来的东西，使画面更漂亮。

（4）幼儿设计制作，教师巡回指导。及时指出在设计中存在的问题，对设计精巧、新颖的幼儿及时进行鼓励表扬。

（5）展评：将作品布置在教室的特色主题墙上，请幼儿说说最喜欢哪一张，为什么？

〔拓展延伸〕

在我们身边还有什么废旧的东西可以进行粘贴画？

〔活动反思〕

1. 在活动过程中，教师的指导需要再斟酌。教师何时进行指导、怎么指导很重要，教师要适时放手，让孩子能更好地动手操作。

2. 就准备而言，下次活动可以多带几幅作品，作为范例，让孩子们能从比较中更好地发现民间布艺贴画的用色有什么不同，从而建构对民间美术用色的认识。

教学活动的指导要领：

1. 为幼儿创设与材料充分接触的环境与机会

幼儿的意图多是在与材料的接触过程中逐渐形成的，因而要为他们创设与材料充分接触的环境与机会，让幼儿在剪、拼、折、缝、贴等活动中了解布的特性。让幼儿在与材料相互作用的过程中，对制作产生兴趣。

2. 培养幼儿制作布贴画的兴趣

兴趣是幼儿参与任何活动的重要前提，选择布贴画题材时要挑选孩子们常见的且感兴趣的内容，让幼儿带着积极的情绪参与到活动中来。如动物类的题材，我们可以选择"小兔子""小鱼""小猫""小猴子"等，卡通造型中的"喜羊羊""海绵宝宝""米老鼠"等，人物类的题材有"我的爸爸妈妈""我"等，这些内容都是孩子们所熟悉和喜爱的，因而他们乐意去尝试、去体验。

布贴画的制作一般在大班中可操作性会比较强，但孩子的注意时间还是非常短的，教师要运用多种方法和手段激发孩子的注意力和兴趣。最常用的活动方法有念儿歌、讲故事、听音乐、做游戏、欣赏视频、出示实物和图片等。比如，"小兔子"的制作环节中，教师可以设计"龟兔赛跑"故事情节，让孩子们在有趣的故事中去制作自己的小兔子。

3. 帮助幼儿获得成功，体验制作的乐趣

在布贴画制作活动中，幼儿虽然有一定的创作意图，但是由于其手部的肌肉发育不成熟、手的动作不灵活、手眼协调较差等，会给他们带来一定的失败感。因而，教师应在技术上给予一定的支持。例如，在整个造型的设计上注意轮廓线要简单，不宜有太多的细小凹凸，且形象的数量要少些，以利于幼儿动手操作，从而让幼儿体验到成功的乐趣。

 练习与实训

1. 幼儿园的布贴画活动如何进行？
2. 布贴画技法在制作时如何恰当使用？布贴画在幼儿园中如何应用？
3. 以"快乐童年"为主题制作布贴画，要求色彩搭配合理，主题鲜明，营造出"快乐童年"的氛围。

 拓展链接

1. 江苏省第一位布贴画的非物质文化遗产传承人——祁竞

布贴画有别于其他的艺术形式，其创作利用的是布料自身的肌理及其独特的纹理图案，以剪刀代替画笔，以布料代替颜料，通过巧妙地剪、创造性地贴，让看似无序堆积的布料带来意想不到的艺术美感。祁竞是江苏省第一位布贴画的非物质文化遗产传承人，她的作品风格独特、构图考究，看似随意剪贴的背后蕴藏着制作的精细与考究。创作者的匠心独运造就了作品的"唯一性"，每一幅都是不可多得的艺术精品。

图 2-2-21 祁竞作品欣赏

2. 当代布彩画的创始人——陈民

　　晶莹的枫林洒下金色的梦，紫色的境象幻化出梦的旋律。明快纯净的色彩，朦胧梦幻的元素，自然渗化的意象，让人领略了西洋画的风情与中国传统意韵糅合之美。赏中国艺术学会常务委员、中国工艺美术家协会会员——陈民老师的艺术创作，就给人以这样的感觉。陈民老师的艺术既有水彩画的浪漫，又有油画的光影震撼，还有木刻版画的韵味。远远欣赏，有如一幅色彩鲜明欢快又富含诗意般的"水彩画"，走进一看竟发现它是由剪出来的布及抽出来的布丝创作出来的，令众观者耳目一新。

图 2-2-22 陈民作品欣赏

第三节　布玩具

一、布玩具概述

　　布玩具是历史悠久的传统艺术之一。妇女们常常缝制一些活泼的禽兽花卉和生活用品，来美化生活和表达自己的美好愿望。在我国，每逢端午节到来之前，妇女们绣制装有中药、香料的荷包，馈赠亲友，佩带在身，以除蚊、蝎、蜈蚣、跳蚤等害虫，不受其害；在平日有的把制成的虎头、扫帚、簸箕、黄瓜、葫芦等连成一串，叫"虎头串"，挂在身上，象征虎镇百兽，鬼怪不敢侵身；有的地方用"苕帚""簸箕"来驱除邪恶和疾病，有的缝绣虎头帽、猫头鞋，把胖娃娃打扮得威武漂亮，寓意消灾避难，健康成长……后来这种装饰生活和寄托心思的民间工艺品逐渐变成商品，出现了专门的手工艺人，并且常年制作，祖辈留传。

　　布玩具品类繁多，工艺精巧。它将形、色、情、意融为一体，构思新奇，夸张合理，具有对比鲜明、造型生动逼真等特点。

不织布没有经纬线，不产生纤维屑，剪裁和缝制都非常方便，和棉织品相比，不织布的质量轻又容易定型，可通过剪裁、拼色、填充棉花等方法制作立体玩具。与不织布贴画相比，立体玩偶更有体积感和空间感，有利于幼儿玩赏。不织布做成的玩具，经济实惠，种类多样，可以满足幼儿的不同喜好。让幼儿在玩耍的过程中体会快乐和智慧，有利于幼儿的健康成长。幼儿园教师自制不织布玩具可以丰富幼儿园教玩具资源，同时也是幼儿园教师展示才华的一次机会。

二、工具与材料

工具：针、线、剪刀、水消笔、软尺、拆线器、热熔胶等。

材料：各色不织布，各种辅料，如蕾丝花边、拉链、各种颜色的线、珠子、纽扣、PP 棉等（图 2-3-1）。

图 2-3-1　工具与材料

三、几种不织布玩具的制作方法

1. 布偶

布偶可以分为指偶和手偶。指偶是孩子们非常喜欢的玩具之一，通过指偶玩具制作，能使孩子的手、眼、脑得到很好的锻炼，完成后不仅能做指偶游戏。还可以作为小摆设来美化环境（图 2-3-2）。

图 2-3-2　指偶

手偶起源于 17 世纪中国福建泉州或漳州；从材质上分为布料的、木制的、塘胶的、毛绒的。从款式上分为人物手偶、动物手偶、卡通手偶、动漫手偶。手偶玩具是家长、老师和孩子亲子互动的首选，可做动作，可套上手偶生动地讲故事，是各个年龄段孩子不可缺少的玩具（图 2-3-3）。

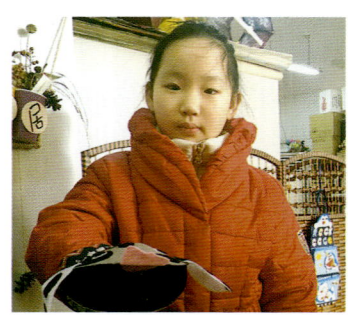  

图 2-3-3　手偶

手偶的操作方式是将手伸进去，靠手掌、手指活动来使手偶的嘴巴动起来。对小朋友来说手偶有强烈的吸引力。

制作步骤（图2-3-4）：

（1）依照手指大小裁剪两片鹿头造型。

（2）剪下鹿鼻子和鹿角，用平针缝缝在其中一个鹿头造型上，再缝上小眼睛。

（3）剪两片比自己手指略宽的身体（长方形或梯形），再将两片身体对齐用平针缝缝合。

（4）将未经处理的鹿头与身体缝合，再将两片鹿头对用平针缝缝合。

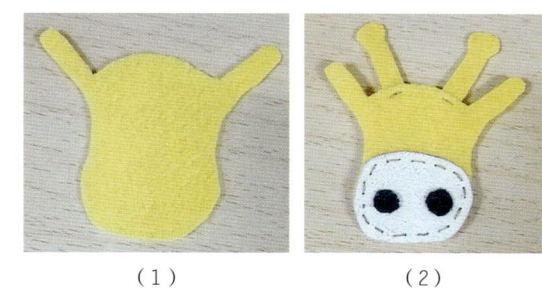  

（1）　　　　　　（2）　　　　　　（3）　　　　　　（4）

图2-3-4　制作步骤

2.宝宝图画书

制作步骤（图2-3-5~图2-3-7）：

（1）准备材料，把不织布分割成若干正方形的小块，作为书页。

（2）按照图形裁剪出各种物体的外形并缝制到正方形的书页上。

（3）把书页按顺序装订起来，并包上一个漂亮的书皮。

   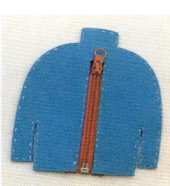 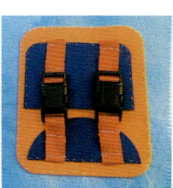

图2-3-5　制作步骤（1）　　　　　　图2-3-6　制作步骤（2）

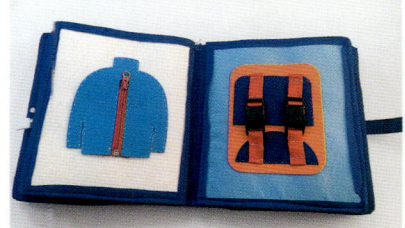  

图2-3-7　制作步骤（3）

3. 邮票挎包

制作步骤（图 2-3-8）：

（1）准备材料，把不织布按照图形进行剪裁。

（2）将花边两端对称向中心对折，用白色线将中间部分缠绕抽紧到固定即可。

（3）再将白色仿珍珠用白色线缝制在缝制好的花边中心位置上。

（4）将左边方块和中间花边框用黑色线平针缝缝制，将右边小方框摆放在花边框中心位置，用黑色线贴布平针缝缝制小方块，花边框不用缝制，装饰方块距离包底部跃 1cm 即可。

（5）将白色缎带用白色线平针缝缝制在距离装饰方块 1cm 的上方。

（6）将装饰方块用黑色线缝制在距缎带上方 1cm 的位置，缝制方法参考步骤（4），小鹿和树根用黑色线贴布缝缝制在如图 2-3-8（6）位置，帽子和树用白色线相同方法缝制，花边用白色线缝制在缎带中心。用白色线平针缝缝制大小雪花，用相同颜色线将两个白色珠子缝制在雪花周围，用白色线将三片叶子贴布缝固定，将三个红色珠子用白色线缝制在如图位置，将姜饼人用白色线贴布缝缝制在如图位置，用黑色线打结缝缝出眼睛和扣子，将银葱带绑好蝴蝶结，用白色线缝在小人脖子处。

（7）将魔术贴棉面用白色线平针缝缝制在另一片包主体位置，再将卡位带用黑色线相同方法缝制在距顶端 6cm 处，只缝制顶端和两侧，半圆一边不缝制。

（8）将魔术贴的糙面用白色线平针缝分别缝制在包前片底部上。

（9）将侧边挂带前后两片对齐，用黑色线锁边缝缝合，用相同方法缝制出两个挂带。

（10）将挎包侧边前后两片对齐，用黑色线锁边缝缝合，将包前片两片对齐，可以用珠针固定。

（11）将对齐后的包前片和缝制好的包侧边对齐从一端向另一端用黑色线锁边缝缝制，再将缝制好的挂带分别对折用黑色线贴布缝缝制在包侧边上。

（12）将包后片整体两片对齐，和侧边摆放好位置，用珠针固定，用黑色线锁边缝从侧边中心位置向两侧缝制，再将两片包后片剩余部分用黑色线锁边缝缝合，

（13）挎包缝制好扣上盖子。

（14）将缎带平均分成三份，将一端系个结，然后像编麻花辫一样编织，另一端的收尾方法相同，再将一端的缎带分成两份穿入大龙虾扣，打结固定．

（15）最后将两个大龙虾扣分别挂在固定带上就可以使用了。

（1）

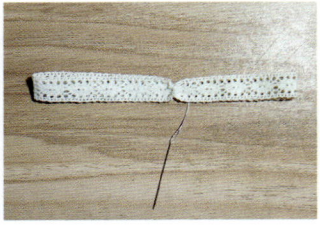

（2）

（3）

图 2-3-8 制作步骤

四、不织布玩具作品欣赏

图 2-3-9

图 2-3-10

图 2-3-11

图 2-3-12　　　　图 2-3-13　　　　图 2-3-14　　　　图 2-3-15

五、案例分析

大班亲子活动"端午香包"

[活动背景]

端午节粽子飘香艾叶俏之时,为培养幼儿的动手操作以及鉴赏能力,开展"端午香包"民间布工制作亲子活动。此次活动不仅能让孩子们增长生活经验,在直接动手操作中给孩子们带来意想不到的喜悦,更能让孩子真实感受到民族传统节日的气氛。

[活动目标]

1. 通过分享、交流,了解端午节的相关习俗,体验集体共度端午节的乐趣。
2. 尝试用不织布制作端午节的相关物品,如粽子、香包、五彩绳、彩蛋。

[活动准备]

1. 准备制作端午节习俗物品的各种材料:不织布、棉花、香水、干花、各色缎带、线等。
2. 端午节相关图片,艾草和菖蒲。
3. 邀请幼儿的家长一起参加活动。

[活动过程]

1. 导入

淡淡棕叶香,浓浓世间情,根根丝线连,切切情意牵。每年的农历五月初五,是中国传统的节日——"端午节",又称端阳节、五月节。虽然名称不同,但各地人民过节的习俗是相同的。端午节在我国有着两千多年的历史了,每到这一天,家家户户都悬钟馗像,挂艾叶、菖蒲,赛龙舟,吃粽子,饮雄黄酒,佩香囊等。

随着端午节脚步的临近,为了激发小朋友们对中国传统文化的兴趣,了解中国传统文化的习俗,从小培养孩子们的爱国主义情感,今天我们幼儿园的小宝宝们邀请了自己的爸爸妈妈、爷爷奶奶共度这个美好的传统佳节。现在就让我们一起用掌声欢迎我们的爸爸妈妈、爷爷奶奶们吧!

2. 手工活动

(1)家长们用不织布制作各种花式粽子和香包。
(2)孩子和家长共同完成,结束后展示作品并相互赠送。

3. 亲子游戏"快乐运香包"

人数:1名幼儿+1名家长,共8对。

形式:对面接力。

准备:各班小桶一个,粽子若干。

玩法:幼儿提着小桶,走过独木桥,走到另一端取筐里的香包再走回来,将香包放回到队伍前的篮子里,把小桶传给下一位幼儿,继续游戏。在规定时间内看哪队运的香包多为优胜。

[活动结束]

亲子活动结束,各班组织幼儿与家长到班级分享美味的粽子。此时,老师可记

录活动过程，分享给全体家长和幼儿。

教学活动的指导要领：

　　布玩具的制作工艺对于幼儿来说较为复杂，它是幼儿园教师的一项基本素质技能，它通常作为一种教玩具用作布置教室环境或教学辅助工具。布玩具在幼儿园中的应用应注意以下几点：

　　1. 教师在自制布玩具时应注意要符合幼儿的审美情趣，玩具的造型要来源于幼儿的生活，如小乌龟、大草莓、长颈鹿等，这样才能激发幼儿的活动兴趣，幼儿才能积极配合，有助于教学过程的进展。

　　2. 制作布艺玩具时，幼儿园搜集所需材料是比较困难的，但是教师可以留意搜集一些旧衣、旧床单、旧毛线、旧T恤、孩子的小白鞋等材料，同时也可以寻求家长的帮助，这样也能够引导幼儿建立初步的环保意识。

　　3. 教师可以运用这些布艺玩具，使各个教学领域的活动环节变得顺畅和有趣味性。例如，在给孩子们引入"数"这一概念时，教师可以利用布、线制作成玩偶类的玩教具，玩偶具有可爱、生动、操作性强的特点，这样可以使乏味的道理充满趣味性，使抽象的道理变得浅显易懂。

 练习与实训

　　1. 幼儿园教师应如何更巧妙地将布玩具作品应用到幼儿园环境布置中去？在区角活动中，如何更合理地运用布玩具？

　　2. 在幼儿园实际教学中，如体育活动、数学游戏等，布玩具能够起到怎样的辅助作用？

　　3. 留意并收集各种材质的布料，以"玩具总动员"为主题制作一组布玩具，要求构思巧妙，造型生动可爱，做工精致，并根据玩具编写一个具有情节性的小故事。

 拓展链接

玩具布球制作

　　在现代生活中我们吃、穿、用或许什么也不缺，在平淡生活之余，利用家人淘汰下来的旧衬衫、旧外套、旧裙子、旧仔裤、旧桌布等废弃布料，来做成可爱的玩具，变废为宝，让我们在体会手工乐趣的同时，也培养孩子们环保的意识。玩具布球是小孩子的最爱，其制作方法也比较简单的。

　　1. 在图纸上绘制一个边长为4~8厘米为宜的五边形。并将该五边形进行裁剪，作为制作布块原材料的模型。

　　2. 利用纸片模型剪出三种颜色的面料各4块。在选择面料颜色时，尽量使用颜色较鲜明的布料。

　　3. 每6块布料制作成一个半球形状，用回针缝缝制，缝边建议选择0.7mm边长。

　　4. 在制作半球时，以其中一个五边形为中心，将它的5条边分别与其他5个五边形连接缝合。然后再将这5个五边形相邻的边缝合，这样半个球就拼接好了。将两个半球按如图所示进行组合，这样就可以制作成为一个完整的布球。

5. 最后留出一个开口，将填充棉塞入其中，最后将开口封合。

图 2-3-16　玩具布球制作

第四节　布花

一、布花概述

现代人向往自然，追求生活的艺术，对美的要求也越来越高，布艺仿真花随着人们生活水平和欣赏水平的不断提高也越发被人们所接受，并逐渐成为一种时尚潮流。不织布花饰是仿真花的一种，其造型惟妙惟肖，给人一种高贵、典雅的美感，它可以制作成各种花卉用于艺术插花装点家居，还可以制作成新娘的捧花、女士的胸花和头花、各种挂件等，它正成为一种美化生活的理想选择。

不织布花饰在幼儿园中也起到很大的作用，如教室的布置、环境的创设、幼儿演出的服装、头上的装饰物等都可以用不织布花饰来美化。同时它也是幼儿园教师布艺手工制作水平的一种展示和对幼儿美好爱意的一种表达。因此，不织布花饰是一种美化环境、永不凋谢的花卉。

二、工具与材料

工具：针、线、剪刀、水消笔、强力胶、热熔胶等。

材料：各色不织布，各种辅料，如各种颜色的线、珠子、纽扣、水钻等。

图 2-4-1　工具与材料

三、不织布花饰的制作

不织布是用来制作布花的最佳选择，除了它的环保特质外，还由于它的色彩丰富，不易起球，抗拉性好，塑性能力强。不织布制作出的花朵由于其质地原因，会给人带来一种粗犷、霸气的美。

1.心叶兰

（1）将五根花蕊对齐再对折，将线拧在一起留出顶部花蕊。

（2）将花蕊底部与其中一根花茎内蕊顶部对齐用花茎布条包裹住，再缠绕用胶固定顶部，再一边缠绕一边用胶固定（缠绕时约5cm左右用胶固定）。最后再固定花茎底部。

（3）将最内层花瓣中心圆孔周围涂上胶，在穿过花茎包裹花蕊捏紧并粘牢，再将外层花瓣粘上。

（4）用线将花托中间圆孔缩缝，留出小孔以便能穿过花茎，再拉紧固定小孔。

（5）将花托穿入花茎用胶固定（褶皱处用少量胶固定）。

（6）在叶子上涂上胶，分别粘到花茎上。

图2-4-2　心叶兰制作步骤

2.向日葵

（1）剪出向日葵的各个部件。

（2）用线缝制向日葵的花瓣。

（3）将剪好的花芯用胶水粘贴。

（4）将花瓣和花芯拼装组合，用胶水或者线缝均可，可以将向日葵做成胸针。

图 2-4-3 向日葵制作步骤

3. 盘花

（1）准备多种颜色的不织布长条，对折后将一侧用胶水粘牢，另一侧等间距剪出条形。

（2）在布条的内侧贴上双面胶或涂上强力胶，由中心开始向内卷曲，由于张力的关系，它们会像花朵一样绽放出来，形成一个美丽的花盘。

图 2-4-4 盘花制作步骤

4. 康乃馨

（1）剪两片圆形和一片五星形的不织布边缘处剪成齿状。把两片圆叠起来一起缝，缝中间一圈，然后把线用力拉紧缠绕几下，康乃馨的雏形就出来了。

（2）叶子也是同样的方法，先缝制再拉紧，把康乃馨包裹起来，中间用铁丝穿过。

图 2-4-5　康乃馨制作步骤

四、不织布花饰欣赏

图 2-4-6　　　　　　图 2-4-7　　　　　　图 2-4-8

图 2-4-9　　　　　　图 2-4-10　　　　　　图 2-4-11

五、案例分析

大班亲子活动"不织布花饰制作"

[设计思路]

　　幼儿年龄较小，动手能力差，要想完美地表现一件作品比较困难。为了能让大班的孩子在美术活动中体会到成功与快乐，不织布花饰制作是一个开展亲子活动的不错选择，它不但美观漂亮而且简单易学，非常适合大班孩子与家长共同制作。

[活动目标]

　　1. 认知目标：认识康乃馨的颜色和特点。

　　2. 技能目标：能与父母合作尝试运用不织布制作一朵康乃馨，掌握制作不织布花饰的方法和技巧，能够熟练地运用手工材料。

　　3. 情感目标：感受制作花朵所带来的快乐，通过亲子间的合作，增进亲子感情。

[活动重难点]

　　1. 重点：与父母合作尝试运用不织布制作一朵康乃馨，感受制作过程带来的喜悦。

　　2. 难点：掌握制作不织布花饰的方法和技巧。

[活动准备]

　　不织布、花秆、剪刀、针线、康乃馨作品一束、花瓶一个。

[活动过程]

　　1. 活动导入

　　教师创设母亲节的情境，引出活动主题。

　　教师：今天是伟大的母亲节，小朋友们有没有给妈妈准备礼物啊？今天我们亲自动手制作一朵美丽的小花送给妈妈吧。

　　2. 幼儿操作，教师讲解示范

　　（1）教师先向大家介绍一种特殊的"布"——不织布。

　　（2）教师手里拿着一束不织布制作的康乃馨,请幼儿说说康乃馨是要送给谁的？

　　（3）小朋友任意挑选自己喜欢的颜色的不织布。

　　（4）教师示范用不织布制作康乃馨的方法。

　　3. 交代要求，亲子合作制作布艺花卉

　　（1）幼儿与爸爸妈妈一起合作制作康乃馨。

　　（2）幼儿可以自己动手剪出花瓣、叶片、花托，请家长帮助缝制。

　　（3）教师在孩子与家长制作康乃馨的过程中播放布花制作装幻灯片，供孩子和家长参考。

　　（4）教师巡回指导，提醒孩子做好康乃馨后，还可以和爸爸妈妈制作一些其他造型的花卉。

　　4. 拿出花瓶，请幼儿把做好的"康乃馨"插到里面

　　（1）幼儿共同欣赏，相互评价。

　　（2）教师和幼儿一起表演舞蹈"我是一朵小花"。

[活动反思]

在制作过程中，教师给予家长和孩子适当的指导，让每个幼儿在家长的帮助下都能体验到成功的乐趣，从而提高了孩子的积极性和自信心。孩子和家长都沉浸在成功的喜悦当中，不仅有利于孩子的身心健康，也让家长们因工作而疲劳的心得到片刻的安宁，与孩子一起成长。

教学活动的指导要领：

不织布花饰制作工艺较为复杂，在幼儿园大多数用于教室的环境布置、教学的辅助工具或者节日、演出的装饰品等。如果在幼儿园开展不织布花饰活动，在活动中应注意以下几点：

1. 课前在材料的选择上要和家长沟通好，准备不同颜色的不织布、图案样式、针线、花秆等，或者是选用准备好的成品材料包。

2. 在制作时，教师应选择简单易操作的，实用性、装饰性较强的花卉造型开展活动，如头花、胸花、康乃馨、太阳花等，这样能够引起家长和幼儿的参与兴趣。

3. 可采用小组合作的方式开展活动。将幼儿和家长分成小组，每组都制作同一种花卉，教师引导幼儿和家长在小组中展开讨论，一起动手又动脑，共同完成一束美丽的布花！这样在幼儿体验成功与乐趣的同时，也加强了与家长之间的交流。

 练习与实训

1. 在幼儿园环境布置中，不织布花饰起到什么作用？
2. 不织布花饰在幼儿园日常教学中应如何应用？
3. 以"我们的秘密花园"为主题开设一节亲子课，制作各种不同造型的不织布花饰，让老师、孩子、家长共同营造出"秘密花园"。

拓展链接

布花的制作方法

布花的范围较广泛，各种质地的纺织品都可用来进行制作，如棉、麻、绸、雪纺等。对于幼儿园手工制作来说，我们还是应提倡环保，利用一些旧的衣物、桌布、窗帘等，变废为宝，用一束束美丽的布花来美化我们的环境。

雪纺布艺花的制作步骤（图2-4-12）：

（1）选择喜欢颜色的雪纺布，剪出圆布片。

（2）对折后沿着折痕进行平针缝。

（3）依次缝完五片花瓣，收紧线完成一朵布花，最后缝上珠子或者贴上水钻作为花蕊装饰。

图 2-4-12 雪纺布艺花制作步骤

模块三
泥工

【本模块概要】

泥是幼儿喜爱的天然玩具,这种最原始的资源传承了我们祖国的文化,同时锻炼了幼儿的动手能力和想象力。本模块将从泥塑的基本概念、特点和作用到所用的工具、材料和基本技法进行讲解。在此基础上了解新型材料彩泥的制作方法,丰富幼儿园的课堂教学。

【学习目标】

1. 了解拉坯、泥板成型、泥条盘筑、捏塑成型等陶艺的制作方法和基本技巧。
2. 理解和掌握陶艺的形式美法则和表现手法。
3. 欣赏各类陶艺作品,提高学生的审美素养,同时与幼儿园实际运用相结合,扎实幼儿园教师的基本功。
4. 理解与掌握幼儿泥工活动的指导要领。

第一节 泥工基础

一、陶艺概述

陶艺,广泛地讲是中国传统古老文化与现代艺术结合的艺术形式。从历史的发展可知,"陶瓷艺术"是一门综合艺术,经历了一个复杂而漫长的文化积淀历程。它与绘画、雕塑、设计以及其他工艺美术等有着无法割舍的传承与比照关系。

二、国内外陶艺发展对比

国外陶艺发展非常快,已有较为成熟的教育和相关产业基础,从小学到大学都有陶艺课,而且许多家庭建成了陶艺作坊,还出现了一些个人经营的陶艺工作室,许多休闲场所也摆放陈设着陶艺家的作品,这样既能很好地发展陶艺事业,又增进了与陶艺家的学习和交流。

中国的陶艺文化产业正处在发展与创新阶段,各地陶艺培训机构的兴起,逐渐让人们了解了陶艺,陶艺正在走进千家万户。在近几年的发展过程中,有关教育部门从素质教育出发,把陶艺列入了教学课程,这样幼儿从小就可以受到艺术的熏陶,从中锻炼动手能力,非常好地体现了素质教育的成果。

三、学习陶艺的意义

陶艺活动所用的泥土是纯天然的物质,它与塑料、绒布玩具不同而更接近自然,且具有很强的可塑性。少年儿童能在陶艺活动中用手对泥做搓、捏、拉、团等动作,在这个过程中锻炼了手部触觉的敏感性,促进手部小肌的发育,可以帮助解决都市儿童动手能力普遍较低的问题,在增强动手能力的同时,提高认知能力和审美能力,从而达到身心和谐的发展。随着"陶艺热"的逐步升温,陶艺制品获得越来越多人的青睐,亲手做陶艺成为人们工作学习之余放松精神、释放自我的又一休闲方式。

四、工具与材料

常用陶艺工具主要包括拉坯工具、修坯工具、捏雕工具(图3-1-1)。
常用材料主要包括瓷泥、陶泥、紫砂泥(图3-1-2)。

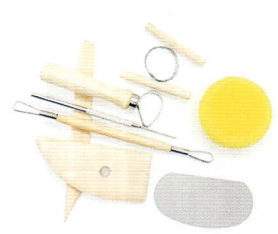
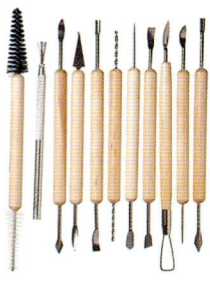

图3-1-1 陶艺工具　　　　　　　　　　图3-1-2 陶艺材料

五、陶艺制作基本方法

陶艺的主要制作方法有：拉坯成型、泥板成型、泥条盘筑、捏塑成型等。

1. 拉坯成型

所谓拉坯成型是利用拉坯机所产生的离心运动，在旋转过程中，对含水的半固化状态的泥料按照设计构思拉伸成型。拉坯成型在古时已经普遍使用，薄如蛋壳的黑陶、绚烂夺目的彩陶、晶莹透彻的越窑陶瓷，都留下了拉坯成型的痕迹。现代陶艺继承了古代陶瓷艺术的创作形式，又有了新的艺术创造，拉坯成型简单易学，造型丰富，是现代陶艺极为普遍的成型方法。它体现了作者对泥料性质、成型技法以及对艺术形态的掌握程度，是艺术设计能力的基本体现。拉坯是年轻又古老的技艺，年轻是因为现代陶艺的独立和发展，古老是因为它伴随着人类文明史，透着原始的魅力（图3-1-3）。

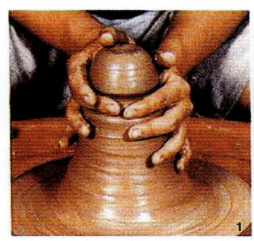

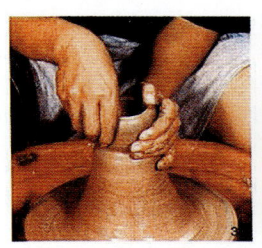

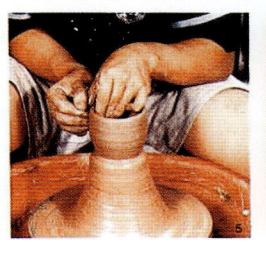

图3-1-3 拉坯成型

2. 泥板成型

泥板成型，顾名思义就是将泥块通过人工或泥板成型机滚压制成泥板，然后用这些泥板来进行塑造。最初可以从做圆柱体或方盒形开始，熟练以后再做一些复杂的作品。滚泥板时，应把泥块放在一块布上进行，从泥块的中心向四周扩散，注意泥的厚度要适合所做作品的需要。由于泥板面积大，不易直立，在陶艺制作时可以利用一些辅助手法使其成型。泥板法创作的作品特点是简洁、明快。用泥板制作陶艺最主要的特征就是容易形成较大的完整的表面，成型速度较快。制作时利用泥的柔软性，可以像布一样成型，而利用泥板的坚硬特点时又可把它当木板一样来成型。要做好泥板成型作品，必须掌握好泥板制作、对所用泥料的感知、泥板结合等技术问题。泥板成型在中国国内使用较多且历史较久的是产于江苏宜兴的紫砂器物（图3-1-4）。

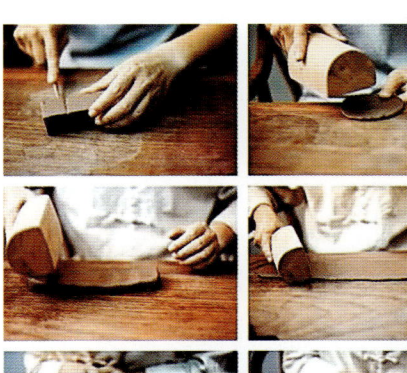

图 3-1-4　泥板成型

3. 泥条盘筑

泥条盘筑法是通过泥条来构筑成型的一种盘筑技法。泥条可以是经手搓成，也可以通过压泥条工具挤压成型。搓泥条时需把握好泥条的干湿度，以免在盘筑形状时产生开裂。用泥条盘筑法一次完成一件大作品或一件很复杂的作品是较困难的，因为作品要有一定的强度才能继续盘高，而且连接部位要保持一定的温度才能保持坯体之间的黏接。以泥条盘筑法创作的作品特点是古朴、流畅、富于变化。

（1）泥条制作工具（图3-1-5）

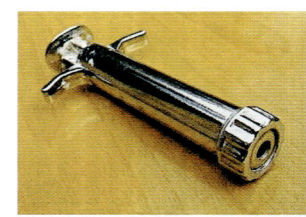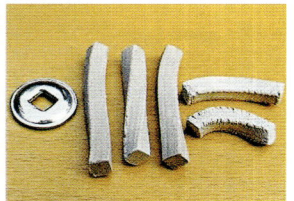

图 3-1-5　泥条制作工具

（2）泥条盘筑手法（图3-1-6）

第一步：取一团泥，先粗捏制条状并放在案板上。

第二步：双手五指岔开，手指略翘起30度，用力均匀轻轻前后滚动，由掌心到指尖，再由指尖到掌心，反复操作。

第三步：泥条随着伸长由粗变细，双手向两侧移动。

第四步：搓泥条的过程中，有时用力不均匀而将泥条压扁，扁的泥条拧成麻花状，继续在案板上搓动，泥条即可复原。

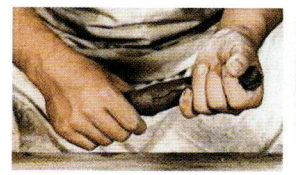 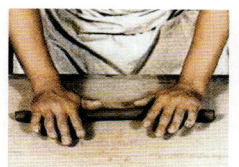  

图 3-1-6　泥条盘筑手法

4. 捏塑成型

捏塑成型是一种简单易学的泥塑方法，利用捏塑的方法进行陶艺成型。捏塑成型的特点是能够保持塑造的外在肌理和创作痕迹，造型也不用考虑翻模对造型的影响，比较随意，具有较强的原始艺术表现力，与雕塑有异曲同工之感。这种方法能直接传达作者的情感和体现作者的表现欲。对于初学者来说，是练习陶艺的必经阶段。以下就是从捏造碗练习开始。

（1）陶碗制作步骤（图3-1-7）

第一步：陶土团成球状，注意陶土要保持一定的湿度。

第二步：大拇指按入泥团的中心，形成凹陷。

第三步：按压泥团留出适当厚度的碗底，口部逐渐向外扩充。扩大幅度不宜太大，速度也不可太快，否则口部极易开裂。

第四步：把坯体放在轮盘上，双手一边逐渐捏薄碗壁一边旋转坯体。

第五步：双手用力不宜过大，以免碗壁薄厚不均。仔细调整碗的形状。

第六步：外形基本确定后，一手两指进入碗内修整内壁，另一手缓慢转动转盘。

第七步：把碗翻转放到转台上，用一泥条圈成环状放在碗底做足。

图 3-1-7　陶碗制作步骤

第八步：用手指将泥条里外的下边缘向下压，使圈足与碗体粘贴牢靠。

第九步：待坯体稍干时，将其放置于转台，用木拍将碗口调平整。

第十步：完成。

（2）捏雕盘羊（图3-1-8）

图3-1-8　捏雕盘羊

六、作品欣赏

图3-1-9　　　　　　　　图3-1-10　　　　　　　　图3-1-11

图3-1-12　　　　　图3-1-13　　　　　图3-1-14　　　　　图3-1-15

七、案例分析

中班泥工活动"纹理果盘"

［活动目标］

1. 掌握泥板成型的方法。
2. 能够读懂简单的制作步骤图。
3. 锻炼动手能力、观察力，享受泥工的乐趣。
4. 懂得热爱生活，发现生活中的美。

［活动准备］

擀面杖、木条、毛巾、陶艺刀、美工刀、蕾丝图案、普通割泥线。

［教学过程］

1. 导入新课，教师出示成品蕾丝纹理陶盘，并以美丽的陶盘引发幼儿的关注，启发幼儿的想象力，激发其创作的兴趣。

2. 教师出示蕾丝纹理陶盘制作步骤图，请幼儿仔细观察图片的每一步，说一说该如何制作。遇到困难的地方教师进行简单的讲解。

3. 将幼儿分成若干组，每组发一个已经做好的蕾丝纹理陶盘范例，对照步骤图幼儿尝试独自制作蕾丝纹理陶盘，将擀制好的泥板上印上蕾丝图案（本次选用蕾丝图案约厚0.5mm），并小心地揭下蕾丝。引导幼儿遇到问题时可以在小组中进行讨论，相互帮助。

4. 引导幼儿为陶盘选用不同的形状，切除多余部分，折叠并用泥浆连接边缘，做出各种各样的蕾丝纹理陶盘。

5. 引导幼儿介绍自己的作品。

6. 教师和幼儿可以用蕾丝纹理陶盘进行"摆盘"的游戏。

教学活动指导要领：

1. 培养幼儿对陶艺的兴趣

兴趣是幼儿参与任何活动的重要前提，有了浓厚的兴趣，幼儿才能够自发参与到陶艺活动中来。玩泥巴是孩子的天性之一，所有的东西在孩子眼里都只分为好玩和不好玩，而陶艺无疑就是在好玩的行列之中。

2. 提高孩子的艺术欣赏能力

陶艺是一门综合创作的艺术，能够培养孩子的艺术素质，需要长期的欣赏—操作—再欣赏—再操作的过程。在这个反复进行的过程中，丰富的现实世界是创作灵感的源泉，而只有先发现美才能够创造美的事物。正是在这样的培养过程中，孩子的艺术欣赏能力慢慢得到了提高。

3. 注重孩子的个性发展

学陶艺是手、眼、脑协调互动的一个过程，而儿童的智力发展则是源于动作的。所以学习陶艺的过程不仅能够开发孩子的智力，还能够发展他们的感知力、创造力和观察力，提高孩子的动手能力。而且陶土是不定型的，不管孩子怎么捏、怎么揉都会成为一件很有特色的作品，孩子的想象力越丰富，出现的作品就越具有童趣的美。制作陶艺还需要一定的意志力，哪怕是很简单的一条线都需要经过很多道工序才能完成，更不用说是一件小作品了。当孩子能够把自己的作品制成彩色的瓷器时，一定会对自己的动手能力更加有信心。

4. 促进亲子关系

现在很多的陶艺班是允许家长陪同的，爸爸妈妈与孩子一起制作完成一件陶艺品是一个很美妙的过程，这也是对亲子关系的一种促进。对幼儿陶艺而言，每个孩子都是玩泥巴的高手，需要进行好好的培养。

5. 年龄差异

不同年龄段的幼儿动手能力是不同的，因此在陶艺学习上也有差别。

（1）2岁幼儿：兴趣为主。孩子能够认识部分色彩，注视小物体及图片可维持50秒钟，出现了想象力的萌芽。手部精细动作可以叠8块积木。陶艺能力：可以对陶土进行手拉、捏、揉的动作。这时期主要以培养孩子对陶土的兴趣为主。

（2）3岁幼儿：可制定简单主题。孩子能够认识基本颜色，想象随着经验和言语的发展而发展，逐渐产生了带有最简单的主题和主角的游戏活动，但总体来说还是贫乏、简单的，无意想象占了主导地位。可以制作一些简单的主题作品，比如一个小杯子，或是日常生活中的小用品等。

4岁幼儿：此时期的孩子能够认得更多颜色，想象力和语言发展迅速，拥有更多的经验，喜欢玩一些有主题性的游戏，比如角色扮演、模仿游戏等。因此，教师可结合生活常识以及游戏融入陶艺的学习，来做自己想做的任何简单物件。

6. 正确的评价是泥工活动的关键

幼儿因为年龄小，手指的末端神经发育还不够完善，作品中会出现各种问题，有的作品破损，有的厚薄不均，有的形状不好看，有的手法生疏等，但是每一个孩子的作品都是这个世界上独一无二的。

教师在评价幼儿作品时应更多地关注幼儿制作陶艺的过程，不要过于在意结果。善于寻找幼儿作品中的闪光点，并给予恰当的肯定，在肯定中提出希望，在希望中提出进一步的要求，为之后的陶艺活动打好基础，同时增强孩子的自信心。除了教师评价，我们也可以让幼儿进行自主评价，引导幼儿学会相互分享作品，交流制作经验。

练习与实训

1. 幼儿学习陶艺的意义是什么？
2. 泥工的基本技法有哪些？试着做一做。
3. 泥工教学指导的要领有哪些？
4. 试着设计一个泥工教学活动。

拓展链接

1. 黄焕义，男，1960年11月生于江西临川。毕业于景德镇陶瓷学院美术系，现为景德镇陶瓷学院教授、硕士生导师，著名陶艺家。在全国、省、市陶瓷评比中曾获一、二、三等奖数十项，作品被文化部和中国工艺美术馆收藏。作品入编《装饰》《江苏画刊》《中国美术全集（陶瓷卷）》等十余家杂志和画册（图3-1-16）。

图3-1-16　黄焕义作品欣赏

2.朱乐耕,男,1952年生于江西景德镇。中国艺术研究院艺术创作研究院院长、教授、博士生导师,原中国工艺美术学会副理事长,中国陶瓷艺术大师。他曾在新加坡、中国香港、韩国、美国、法国、德国等地举办个人陶艺展。其主要贡献在于将当代陶艺与环境建筑相结合,其作品被安置在韩国的首尔、济州岛,国内的北京、天津、上海等一些著名的建筑物中,成为重要的公共艺术及人文景观(图3-1-17)。

 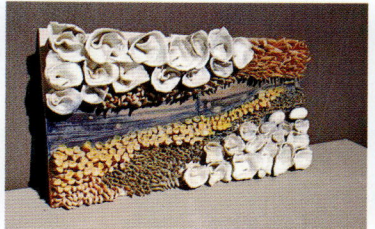 

图3-1-17 朱乐耕作品欣赏

第二节 浮雕

一、浮雕概述

浮雕,是在平面上雕刻出凹凸起伏形象的一种雕塑,是介于圆雕和绘画之间的艺术表现形式。浮雕的空间构造可以是三维的立体形态,也可以兼备某种平面形态;既可以依附于某种载体,又可相对独立地存在。根据凸出的程度不同,还可以分成高浮雕和浅浮雕。

二、工具与材料

浮雕常用工具包括泥板或泥片制作工具,如泥拍、滚子、托板、割泥线等;以及浮雕造型工具,如各种型号的雕塑刀和辅助用具。浮雕使用的泥料一般为黏性较强的胶泥或陶泥(图3-2-1)。

   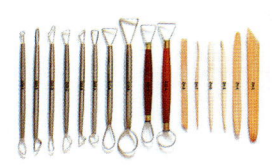 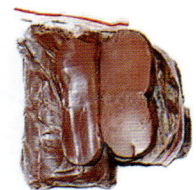

图3-2-1 工具与材料

三、浮雕的基本制作方法

1.浮雕肌理表现技法(图3-2-2)

2.浮雕创作方法(图3-2-3)

(1)做一块扁平底板。

(2)底板制成各种形状。

（3）搓、捏泥条、泥团。
（4）堆、贴，细节刻画。

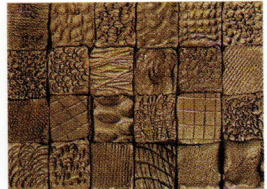

图 3-2-2　浮雕肌理表现技法

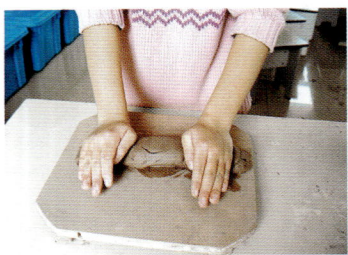

图 3-2-3　浮雕创作方法

四、作品赏析

图 3-2-4　　　　　图 3-2-5　　　　　图 3-2-6　　　　　图 3-2-7

图 3-2-8　　　　　图 3-2-9　　　　　图 3-2-10　　　　　图 3-2-11

五、案例分析

中班泥塑浮雕活动"小花猫"

[活动目标]

1. 掌握泥塑浮雕的方法。
2. 能够读懂简单的浮雕制作步骤图。
3. 锻炼动手能力、观察力,享受泥塑浮雕的乐趣。
4. 懂得爱护关心小动物。

[活动准备]

擀面杖、木托板、泥拍板、陶艺刀、美工刀、普通割泥线、步骤图。

[教学过程]

1. 导入新课,教师出示小花猫的手偶和动画,模仿小花猫说话:小朋友们,你们好!我叫喵喵,我想找其他小猫一起玩,我喜欢吃鱼,还喜欢花蝴蝶,你们愿意和我一起玩儿吗?
2. 教师出示泥塑小花猫的浮雕制作步骤图,请幼儿仔细观察图片的每一步,说一说该如何制作小花猫的浮雕。遇到困难的地方教师进行简单的讲解。
3. 将幼儿分成若干组,每组发一个已经做好的泥塑小花猫的浮雕范例,对照步骤图幼儿尝试独自完成创作,引导幼儿遇到问题时可以在小组中进行讨论,相互帮助。
4. 引导幼儿为小花猫做上不同的表情,做出各种各样的小花猫浮雕。
5. 引导幼儿介绍自己的作品。
6. 教师和幼儿可以一起玩儿"小猫钓鱼"的游戏。

教学活动指导要领:

1. 欣赏与评述

欣赏古今中外自然景物和艺术作品,特别是浮雕类作品,通过欣赏获得审美感受,并用语言、文字表达自己的感受、理解和认识。利用地方文化资源使幼儿更好地了解艺术,特别是浮雕与社会、浮雕与历史、浮雕与文化的关系,培养人文精神。

(1)多视角欣赏浮雕作品,从中了解作品的内涵,感受博大精深的中华民族文化精神。崇尚文明,珍惜优秀民族艺术与文化遗产,如瓦当、汉画像砖。

(2)逐步提高视觉感受能力,掌握并运用浮雕语言、文字表达自己的感受,形成健康的审美情趣,发展审美能力。

(3)幼儿相互交流,评述表达对作品的感受、理解和认识。

2. 造型与表现

运用多种陶艺材料、工具和手段,探索造型方法,体验造型乐趣,提高学兰的感知能力和造型表现能力。

(1)在游戏式的造型活动中感受泥性,体验不同效果。能运用对称与均衡、节奏与韵律、对比与和谐、多样与统一等组织原理进行浮雕造型活动,激发想象力和造型表现能力。

（3）在活动中大胆采用各种辅助材料和造型方法，并借助语言来表达自己的想法。

3. 设计与应用

遵循幼儿认知发展规律，从幼儿实际出发，加强趣味性。引导幼儿选择运用陶艺材料和手段，围绕一定的目的和用途，进行创意、设计、制作，创造美，发展创新意识和创造能力。

（1）学习设计的基本知识、原理和方法，自由运用各种陶艺材料、辅助材料和工具进行创作，提高思维能力、动手能力，培养创新意识。

（2）感受各种陶艺材料的特性，合理利用材料的特性进行设计制作。

（3）了解艺术形式美感及其与设计功能的统一，提高对生活物品和自己周围环境的审美评价能力，激发美化生活的愿望，培养幼儿热爱生活、健康生活。

（4）养成事前预想和计划的行为习惯以及耐心细致、持之以恒的态度。

4. 综合与探索

通过综合性的陶艺活动，引导幼儿主动探索、研究创造、综合解决问题。融各领域为一体，与其他学科相综合，与现时社会相联系。以个人或集体合作的形式发挥个性，学会合作，体验探究、发现的愉悦感和成就感。

（1）教师要了解浮雕课程与其他课程的差异与联系，学习灵活运用各学科的知识设计探究性活动的方案，进行探究性、综合性的创作活动。

（2）认识陶艺与生活的密切关系，发展综合解决问题的能力。

（3）开阔幼儿的视野，拓展想象的空间，激发探索未知领域的欲望，体验探究的愉悦和成功感。

 练习与实训

1. 浮雕的基本概念是什么？
2. 泥塑浮雕的基本技法有哪些？试着做一做。
3. 泥塑浮雕教学指导的要领有哪些？
4. 试着设计一个泥塑浮雕教学活动。

拓展链接

1. 汉画像砖

汉画像砖是一种表面有模印、彩绘或雕刻图像的建筑用砖，它形制多样、图案精彩、主题丰富，深刻反映了汉代的社会风情和审美风格，是中国美术发展史上的一座里程碑。

汉画像砖包罗汉代政治、经济、文化、民俗各个方面，是研究汉代历史的大百科，现市面上多数以模印为主，雕刻的少见，雕刻还保留彩绘的更加稀有，只以绘画为主的大型空心汉画像砖可称国宝级，对研究汉代绘画有重要的参考价值（图3-2-12）。

图 3-2-12　汉画像砖

2. 昭陵六骏

昭陵六骏是指陕西礼泉县唐太宗李世民陵墓昭陵北面祭坛东西两侧的六块骏马青石浮雕石刻。每块石刻宽约 2 米、高约 1.7 米。昭陵六骏造型优美，雕刻线条流畅，刀工精细、圆润，是珍贵的古代石刻艺术珍品（图 3-2-13）。

六骏是李世民在唐朝建立前先后骑过的战马，分别名为"拳毛䯄（guā）""什（shí）伐赤""白蹄乌""特勒骠（biāo）""青骓（zhuī）""飒（sà）露紫"。为纪念这六匹战马，李世民令工艺家阎立德和画家阎立本，用浮雕描绘六匹战马列置于陵前。

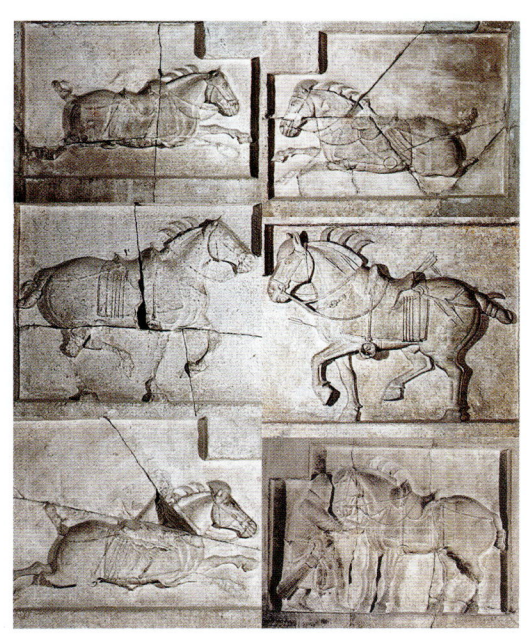

图 3-2-13　昭陵六骏

第三节　泥彩塑

一、泥彩塑概述

泥彩塑又名"泥塑""泥玩"等，是我国一种古老而常见的民间民俗艺术。在民间，泥彩塑是孩童的主要玩具，历史悠久，世代相传。它以泥土为原料，以手工捏制成形。或素或彩，以人物、动物为主。在我国民间，各种各样的泥彩塑既可观赏陈设，又可让儿童玩耍，它以自己独特的魅力深受人们的喜爱。如天津的"泥人张"彩塑、北京的兔儿爷、江苏无锡的惠山泥人、河南淮阳的"泥泥狗"、山东高密的泥叫虎、陕西凤翔的泥塑等。民间至今流传的泥彩塑，以它吉祥的寓意、喜庆的形象、热烈的色彩，为一代又一代人留下了美好的童年回忆（图 3-3-1~图 3-3-6）。

图3-3-1　天津"泥人张"彩塑

图3-3-2　北京兔儿爷彩塑

图3-3-3　江苏无锡惠山泥人

图3-3-4　河南淮阳"泥泥狗"

图3-3-5　山东高密泥叫虎

图3-3-6　陕西凤翔泥塑

泥彩塑属于圆雕，具有立体感和空间感，可以多方位、多角度欣赏的三维立体雕塑。泥彩塑在幼儿手工教学活动中较为常见，亦可妆点美丽的幼儿园。泥塑造型夸张，神态生动有趣，制作工艺简单易学，可着彩色，亦可素色。艺术风格或质朴粗犷，或细腻纯真。泥塑玩具对幼儿训练感官、开发智力、陶冶情操等方面都起到积极作用。

二、工具与材料

1．工具

（1）塑形工具：泥塑造型主要靠灵巧的双手。必要时可用泥塑刀进行辅助造型。泥塑刀由竹、木、塑料、铁、铜等各种材料制作而成（图3-3-7）。

（2）辅助工具：美工刀、小锥、小刷、砂纸、海绵等。

（3）彩绘工具：铅笔、毛笔、勾线笔、水粉笔、调色盘等。

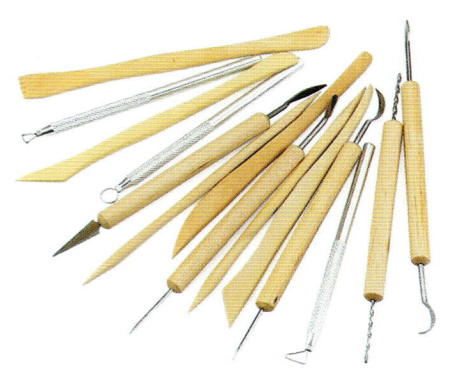
图3-3-7　工具

2．材料

（1）主要材料：陶泥、黏土。泥塑材料来源于大自然，传统的泥彩塑是由黏土塑造而成，目前使用较为广泛的是加工好的陶泥。

陶泥的特点：平整光滑，并且有自然的光泽。黏性强，可塑性强，容易制成各种形状和式样。但颜色单一，干后易于干裂（图3-3-8）。

（2）辅助材料：可根据造型和用途需要，准备细铁丝、牙签、弹簧、线绳等，用于造型各部位的连接、穿插。

图3-3-8　主要材料

（3）彩绘材料：在泥塑教学中，通常使用水粉或丙烯颜料在泥塑外表打上底色，用色彩涂画纹样。泥彩塑干透后，可用清漆涂于表面，可使造型保留长久，外表光亮，易于清洁。

三、常用技法

1. 基本技法（图 3-3-9）

团：将泥放于左手掌心，两手心相对按着来回推动，将泥团成球体。

搓：两手心相对，将泥放入掌中做前后搓动，将泥搓成条状。

捏：用拇指和食指将泥捏出所需的形状。

揉：似揉面手法，手心向下，后掌部反复推压泥，使泥揉和均匀、表面光洁。

拍：用手掌拍打泥团。

按：将泥放于桌面，或用手掌压之，或用手指按之。

扭：将条状泥扭转，使泥条有扭动之感。

滚：借助工具在泥坯表面滚动，使坯体表面光滑而结实。

粘：借助黏合剂将分离的部分粘合、固定。

连：借助铁丝、牙签、竹片等物体将分离的部分连接、固定。

切：用泥塑刀将多余的部分切掉。

剪：用剪刀将所需的复杂造型剪出来。

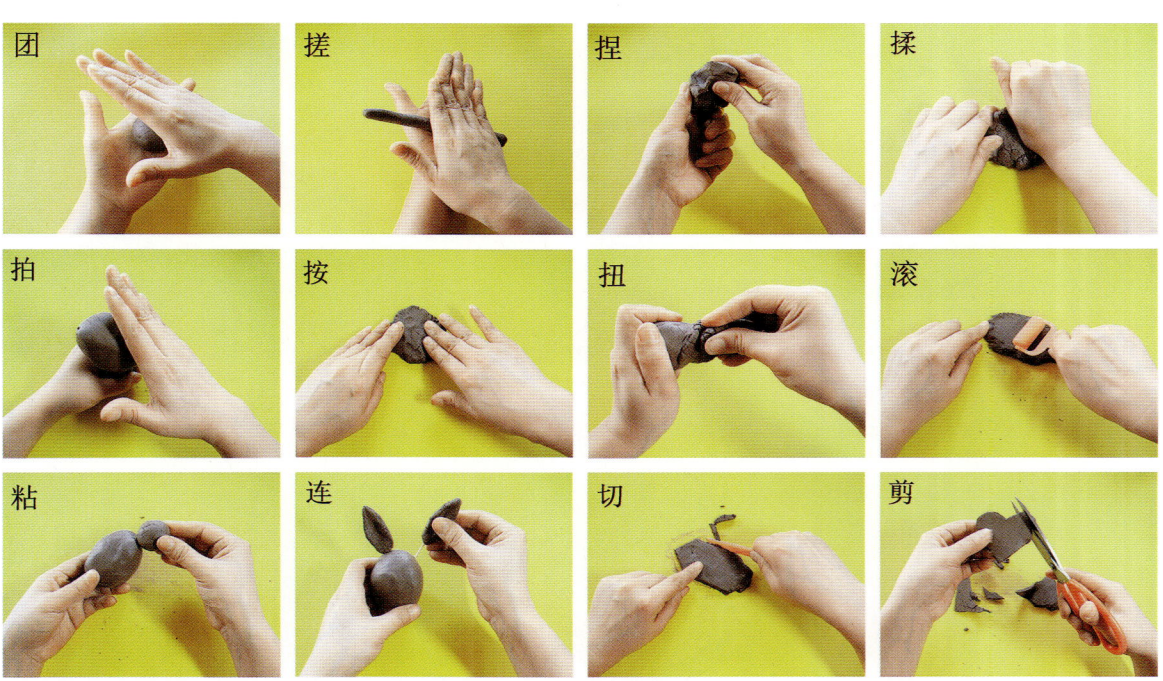

图 3-3-9　基本技法

2. 制作过程

（1）构思内容

根据幼儿心理特点和审美情趣，通过作者对幼儿生活的细心观察，确定制作的主题和形式，并适当收集一些相关形象的资料进行分析、借鉴及再创作。

（2）设计草图（图3-3-10）

将脑海中初步形成的形象进行简单描绘，用线条勾勒出来。

（3）捏出大形（图3-3-11）

抓住形象特征，用黏土捏出形象的大体造型，形体复杂时可分别捏出主体形象和各组成部分，并用牙签或铁丝加以连接，固定整个造型。

（4）表现细节（图3-3-12）

借助泥塑工具继续塑造出形象的细节部分，着重表现形象的细部结构、形体的凹凸与转折及质感的处理，使造型更加丰满。

坯体完成后放在阴凉通风处晾干，避免由于日晒而产生的泥体开裂现象。待坯体完全干透后，用砂纸轻轻打磨表面，再用湿布擦掉浮粉，使坯体更显细腻、光洁。

（5）着底色（图3-3-13）

通常用白粉均匀涂在坯体上作为底色，也可根据需要用其他色打底。

（6）彩绘（图3-3-14）

俗话说"三分塑，七分彩"。要让作品更加符合幼儿的审美需求，调动孩子的玩耍兴致，必通过着色使造型更富于表现力。一般由上至下、由浅至深描绘出形象。注意用笔不在多与繁琐，要尽量概括、简练、随意，才能达到传神的意境。用色要讲究色彩的和谐，切忌层层堆砌。

（7）完成（图3-3-15）

图3-3-10 设计草图　　　　　　　　　图3-3-11 捏出大形

 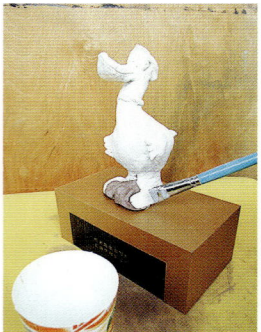  

图3-3-12 表现细节　　图3-3-13 着底色　　图3-3-14 彩绘　　图3-3-15 完成

四、作品赏析

图 3-3-16

图 3-3-17

图 3-3-18

图 3-3-19

图 3-3-20

图 3-3-21

五、案例分析

大班泥塑活动"恐龙乐园"

[活动目标]

1. 通过观察、比较、欣赏和交流，了解恐龙的基本造型特点，感受恐龙造型的丰富和生命力的强盛。

2. 学习手捏成型的基本方法，尝试用手捏成型、粘贴、刻画的方法，塑造恐龙形象。

3. 努力克服在拉伸和组合过程中遇到的困难，能耐心细致地完成任务。

[活动准备]

恐龙的图片和玩具模型、陶泥、牙签、木刀、泥浆、毛笔等。

[活动过程]

1. 谈话，调动幼儿有关恐龙的经验。

教师：你们喜欢恐龙吗？去过恐龙乐园吗？里面有什么样的恐龙？长得什么样？

2. 通过观察、比较、交流和欣赏，了解恐龙的基本造型特点。

教师：恐龙乐园中你喜欢哪只恐龙？是什么样子的？恐龙的头和身体是怎么样的？恐龙看上去给你什么感觉？

小结：恐龙身体很庞大，但是头较小，有锋利的牙齿和爪子，特别厉害。

3. 学习手捏成型的基本方法，尝试用手捏成型、粘贴、刻画的方法，塑造恐龙形象。

（1）幼儿讨论，探索制作方法。

教师：恐龙的身体你会怎样制作？谁来说说看？（集体交流）

教师：小小的头怎么制作？庞大的身体怎么制作？你需要哪些工具和材料？（木

刀、牙签）

小结：可以用牵拉陶泥、用手捏的方法制作恐龙的头和四肢，用粘贴的方法连接四肢，用牙签组合连接恐龙的各个身体部位。

（2）幼儿尝试用手捏成型、粘贴的方法。

教师：在拉伸和组合过程中如果遇到困难，要耐心、细致一些。

4. 展示幼儿的作品，引导幼儿相互欣赏和表达。

教师：你喜欢哪几只恐龙？为什么？你在制作的时候有没有遇到什么困难？怎么解决的？

教师：我们可以把恐龙们布置在"恐龙乐园"里，让它们自由快乐地生活（图3-3-22）。

图 3-3-22 作品欣赏

教学活动指导要领：

泥塑活动是幼儿最常见的立体手工造型活动。泥塑活动的目的在于锻炼幼儿手指肌肉动作的灵活性，发展幼儿手眼协调能力，培养幼儿的空间知觉能力。陶泥制作中，幼儿的手指可以自由地感觉、触摸和创造，进一步激发幼儿对色彩、形状和结构的感知，提高幼儿动手操作能力。

1. 教师要引导幼儿学习泥工的基本技法。这些基本技法有搓、团、拍、捏、挖、分泥、连接、伸拉，运用这些基本技法可塑造出球体、椭圆体、圆柱体、立方体和组合体等几何形体。教师在指导过程中，可启发幼儿先自己动手尝试着做，再观察教师是如何用基本技法塑造基本形体的。

2. 教师要引导幼儿掌握泥塑的基本规律。一是从基本几何形体出发，可以塑造出哪些立体形象。例如，球体可以想象成皮球，在球体上插上一根细木棒又成了樱桃、葡萄等。二是从基本技法出发，可以塑造出哪些立体形象，如捏可以塑造出碗、碟、勺、鸭嘴等（图3-3-23）。

图 3-3-23 泥塑作品

3. 教师要引导幼儿学习使用泥工的辅助材料。例如，纽扣可以做人物的眼睛，羽毛可以做公鸡的尾巴，牙签可以将形象的两部分连接起来等。

4. 泥彩塑具有民族特色，教师可引导幼儿对自己制作的泥工作品进行着色描绘以美化作品。

5. 由于幼儿手部动作不灵活，手眼协调能力较差，因此，教师在评价幼儿泥工作品时不应把重点放在追求作品的精确与细致上，而应注重幼儿操作过程及作品整体的稚拙感（图3-3-24）。

6. 教师可引导幼儿根据自己或小组的泥工作品来编故事，发展儿童的想象力。

图3-3-24　幼儿操作过程及作品

练习与实训

1. 通过网络资料搜集，了解中国民间泥玩具的地域特点和发展趋势。
2. 掌握泥塑的基本技法和制作方法，尝试制作1~2件泥彩塑作品。
3. 根据幼儿园某一主题活动，设计一个泥工教学活动。

拓展链接

1. 天津"泥人张"彩塑

天津"泥人张"彩塑是一种深得百姓喜爱的民间美术艺术品，流传、发展至今约有190年的历史，至今已传了五代，被列为中国非物质文化遗产。天津"泥人张"始于清道光年间，创始人张明山。他把传统的捏泥人提高到圆塑艺术的水平，又装饰以色彩、道具，形成了独特的风格。其作品取材广泛，塑造人物生动，塑与绘的结合使作品更具生命力。"泥人张"经过几代人的传承，成为我国泥塑艺术的又一个高峰。其作品艺术精美，影响远及世界各地，在我国民间美术史上占有重要的地位（图3-3-25）。

张明山（1826-1906）自幼随父亲从事泥塑制作，练就一手绝技。18岁即得艺名"泥人张"，以家族形式经营泥塑作坊"塑古斋"。他只需和人对面坐谈，搏土于手，不动声色，瞬息而成。所塑作品不仅形似，而且以形写神，达到神形兼具的境地。"泥人张"彩塑

图3-3-25　"泥人张"彩塑

用色简雅明快，用料讲究，所捏的泥人历经久远，不燥不裂，栩栩如生。

"泥人张"彩塑属于室内陈列性雕塑，一般尺寸不大，高约40厘米左右，可放在案头或架上，故又称为架上雕塑、彩塑艺术，运用于各种环境装饰，有着美化环境的重要作用。

2. 淮阳"泥泥狗"

淮阳"泥泥狗"是河南省淮阳县著名的传统泥塑手工艺品，是原始图腾文化下产生的一种独特的民间艺术，又称"陵狗"或"灵狗"，也是淮阳太昊陵"人祖会"中泥玩具的总称。每年淮阳太昊陵庙会，淮阳周边的群众就会云集而来，虔诚地祭拜人祖伏羲，然后逛一逛规模宏大的庙会。"泥泥狗"是人们避灾、求福、争相购买的"神圣之物"。

淮阳"泥泥狗"表现题材广泛，飞禽走兽无所不有，造型虚幻神秘。各种抽象、变形的怪异形体中有九头鸟、人头狗、人面鱼、猴头燕蟾蜍、蜥蜴、豆虫、蝎子等。淮阳"泥泥狗"的动态以稳重为主，没有较大的动势。泥塑造型奇特怪异、古朴浑厚，方圆结合的造型，使特征尤为明确。与其他地域泥彩塑不同，淮阳"泥泥狗"底色为黑色，在黑色上施以红、黄、青、白色，画出由圆弧曲线、直线和点组成的各种图案，色彩对比强烈，绚丽而不失和谐，在黑色的包容中通体鲜艳夺目，线条有力而挺拔，稚拙而生动，具有强烈的视觉冲击效果（图3-3-26）。

河南省淮阳县城关镇金庄村，村民祖祖辈辈有做"泥泥狗"的传统，早在明代的陈州县志上就有记载，至今已有几千年的历史。下至六岁儿童，上至古稀老人，人人都能够捏制"泥泥狗"。2006年该村被河南省文化厅命名为"河南省特色文化村"。

图3-3-26 淮阳"泥泥狗"

第四节 彩泥

一、彩泥概述

新型彩泥又称"超轻黏土"，属黏土类，是一种无毒、无味、无刺激性新型环保工艺材料，它集陶土、橡皮泥、纸黏土等优点于一身，可辅以木头、金属、塑料、玻璃等材质进行使用。彩泥可自由揉捏，随意创作，作品不需进行高温烧制，1~2天内便可自然风干，无裂痕且有弹性，可以永久保存。

新型彩泥最早诞生于德国并逐渐传遍整个世界。由于其质地轻盈，色彩丰富鲜艳，可塑性强，深受儿童的喜爱。彩泥制作不受季节和场所的限制，孩子可以选择自己喜欢的颜色来做自己喜欢的作品。新型彩泥质地非常柔软，重量也减轻了很多，而且配有专用的工具，孩子可以轻松随意地制作出自己喜欢的造型，制作完成后容易清洗，不会影响孩子的健康。儿童还可以把自己的泥塑作品与其他玩具搭配起来，从而形成新游戏、新玩法。

二、工具与材料

1. 工具

彩泥工具主要有塑刀、剪刀、美工刀、滚棒、压板、梳子等，还有儿童较常用的各类模具等（图3-4-1）。

图3-4-1 工具

2. 材料

（1）主要材料：新型彩泥（超轻黏土）

彩泥是近年来儿童用于制作创意造型的新型材料，工艺和材质上都优于传统橡皮泥。彩泥轻盈、柔软、手感细腻，特别适合用来捏制创意作品，对儿童的手脑眼协调能力、色彩识别和创作思维能力等有着独特的锻炼效果。深入了解彩泥的特性，对作品的塑造有较大的帮助。

第一，彩泥重量超轻，无味，材料具有环保性，安全可靠，不会危害幼儿健康。

第二，彩泥质地柔软，易捏易压，可塑性强。

第三，彩泥色彩绚丽丰富，混色容易，可通过色彩混合调配出任意颜色，可以提升孩子的色彩感知能力和创造力等。

第四，彩泥的黏性大，不沾手，不留残渣，建议操作前将工作台和双手清洁干净。此外作品制作时，在局部与局部黏接处对接要精准，粘上后很难剥离。

第五，彩泥的延展性较好，可进行精细制作，能处理非常精致的细节部分。

第六，彩泥包容性强，结合度高，制作时可与其他各种材质一起使用，与纸张、金属、玻璃、珠片、丝带等都有较强的密合度。干后可用水彩、记号笔、丙烯颜料、指甲油等进行着色、晕色。

第七，彩泥作品完成后不需烘烤，晾干即可。一般表面干燥时间为3小时左右，干燥后不开裂，不易变形。

第八，彩泥作品保存时间长，不变质不发霉，如落灰尘可用毛刷掸除，用湿布擦拭，作品会焕然一新。

第九，制作完成后，为防止剩下的彩泥干裂，使用后要及时放回塑料袋或盒内密封，要远离光线，在阴凉处保

图3-4-2 新型彩泥

管。如遇表面有干硬状，喷洒少许水进行充分揉捏，可恢复泥的弹性。

小贴士：彩泥作品保存过程中出现断裂，可用502快干胶或万能胶进行粘合。

（2）其他材料

彩泥制作常用的辅助材料有各种形状的保丽龙泡沫球、纸团、纸盒、塑料瓶等，可用于造型内部体积的填充。还可辅以塑料眼睛、彩珠、纽扣、亮片等做造型的装饰物。

三、常用技法

1. 基本技法

用彩泥塑造作品时，制作技法与泥彩塑相似，经常使用的技法有团、搓、捏、揉、按、拍、压、扭、滚、剪、切、戳等（图例见第三章第三节图3-3-9）。

2. 基本形体（图3-4-3）

（1）球体：最基本的形体，将彩泥放于手心，两手相对，用手掌心按着来回团就做出了球体。

（2）椭圆体：将球体状的彩泥放在手掌心，两手掌心压在球体的中部，来回推一下即成。

（3）水滴状：将球体状的彩泥放在操作台上，如用手指轻压一侧，来回滚动，使其一侧变尖即可。如用手指分别按压两侧滚动，使其两侧变尖，则成橄榄状。

（4）三角状：将水滴状的彩泥放在操作台上压扁，用手指压出三个侧面。

（5）正方体：用手指将球体状的彩泥均匀压出六个面即可。

（6）圆柱体：将球体状的彩泥放在手掌心，两手掌心压在球体的中部来回搓，使球体中部形成柱体，用手指压出上下两面。

（7）线绳状：将球体状的彩泥放在操作台上或手掌心中，来回搓成均匀粗细的长条。将两根线绳状彩泥交错盘绕，拧在一起即成麻花状。

（8）板状：将彩泥用掌心按压，借助滚棒将其擀成薄薄的泥板，用泥刀将其切成不同形状，如圆形、长方形、心形、花形等，既可做底板用，又可作为造型的装饰。

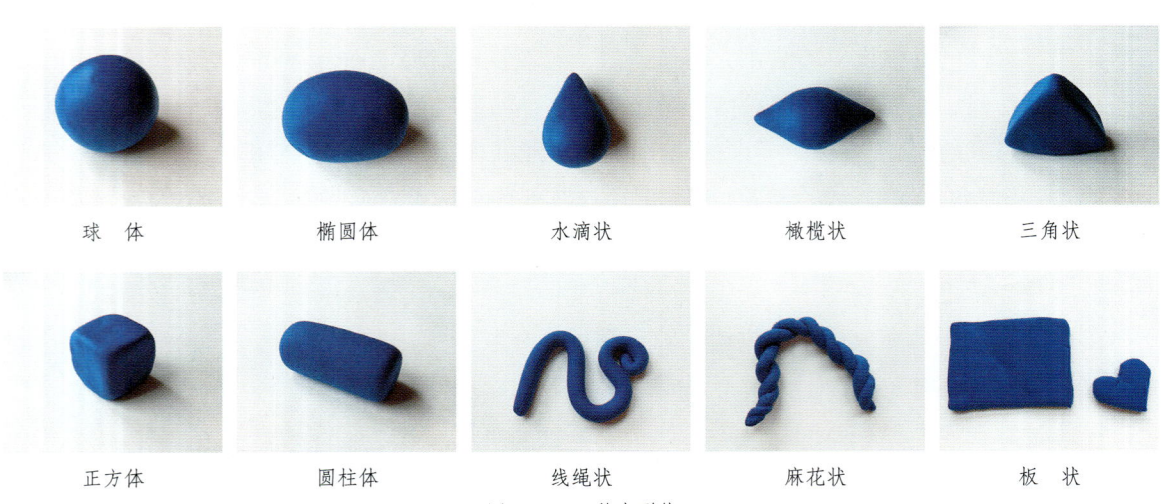

图3-4-3 基本形体

3. 色彩的混合

彩泥的色彩丰富，一般情况下可以满足儿童对色彩的需求。由于彩泥色彩可以相融，如需调配其他颜色，制作时可将不同颜色的彩泥反复揉捏进行混色，得到其他色彩。根据造型所需，可以分为均匀混色和不均匀混色（图3-4-4、图3-4-5）。

图3-4-4　均匀混色

图3-4-5　不均匀混色

4. 常见的制作形态

进行彩泥制作时，通常可以分为浮雕式和圆雕式两大类。浮雕式彩泥作品属于半立体形态，依附于某一平面，可以制作彩泥装饰画、镜框、提示牌、手机壳等；圆雕式彩泥作品属于立体形态，具有多方位的观赏效果，可以制作玩偶、公仔等（图3-4-6~图3-4-7）。

图3-4-6　浮雕式

图3-4-7　圆雕式

5. 制作步骤

泥塑"小青蛙"制作过程如图3-4-8所示。

（1）用彩泥团出球体和椭圆体两个基本形体，分别作为小青蛙的头部和身体部分。

（2）用彩泥团出两个小球作为青蛙的大腿，用剪刀将擀成板状的彩泥剪出脚趾状，分别与青蛙的身体部位黏合。

（3）将彩泥搓成条状，将一端捏成趾状，截取适当的长度作为青蛙的上肢，与身体部位黏合。

（4）制作小青蛙的眼睛和嘴巴，丰富形象细节部分。

（1）　　　　　　（2）　　　　　　（3）　　　　　　（4）
图3-4-8　制作步骤

四、彩泥作品的应用

1. 彩泥在生活中的创意应用

由于彩泥特有的性能和优势,在生活中可以进行各种创意制作。能结合废弃物进行巧妙运用,增强作品的功能性和实用性。可以用于玩具类制作,如玩偶、公仔;可以用于饰品类制作,如项链、胸针、发饰;可以用于文具类制作,如笔套、笔筒、储物罐、留言夹等;可以用于装饰品制作,如壁饰、花环、镜框、花盆等;还可以用于各种小生活用品制作,如钥匙扣、挂钩、钟表等(图3-4-9)。

图3-4-9 彩泥在生活中的创意应用

2. 彩泥作品在幼儿园中的应用

彩泥制作在幼儿园中主要用于美工教学和活动区角用品。在儿童美术教育中,根据课程主题,可以开展泥工活动,增强幼儿的空间认知能力,同时能够培养幼儿的色彩认知能力,锻炼幼儿的动手能力。由于彩泥具有色彩艳丽、仿真度高、不易损坏、易于清洁、使用周期长等优点,适合制作一些道具和用品,投放在幼儿园活动区角中,如娃娃家、表演区、甜品屋、小超市、烧烤店等各类活动区域(图3-4-10)。

图3-4-10 彩泥作品在幼儿园中的应用

五、作品赏析

图3-4-11　　　　图3-4-12　　　　图3-4-13　　　　图3-4-14

图3-4-15　　　　图3-4-16　　　　图3-4-17　　　　图3-4-18

六、案例分析

大班泥工活动 "有趣的面人"

[活动目标]

1. 通过欣赏面塑作品及观看民间艺人制作等活动，初步感知面塑生动的形象和丰富的色彩，萌发初步的审美情趣。
2. 初步认识一些制作面塑的简单工具，了解其制作过程和方法，尝试用搓、团、压的方法进行简单的塑造活动。
3. 喜欢面塑活动，养成良好的塑造习惯。

[活动准备]

1. 家长带领幼儿观看捏面人，协助收集各种面塑作品布置展览。
2. 面人作品、投影仪、幻灯片课件、民间音乐、彩泥、泥工板、木刀、牙签、木筷、作品展示台。

[活动过程]

1. 欣赏与交流，初步感知面人的造型、色彩。

（1）展示师生共同收集的面人作品，自由欣赏。

（2）欣赏面人作品。教师引导幼儿仔细观察造型、色彩、表情、动态及连接方式，引导幼儿学一学面人的表情、动作，增加欣赏的乐趣。

（3）播放课件，欣赏各地民间面人作品和故事。

2. 演示与互动，初步了解面人简单的制作过程与方法。

（1）幼儿自由猜测面人的制作方法。

（2）演示课件，帮助幼儿了解面人的制作过程与方法。

3. 尝试制作面人。

（1）出示彩泥、木刀、牙签等材料，引导幼儿观察、思考。

（2）幼儿制作，教师指导幼儿大胆地运用团、搓、捏、柔等塑形方法制作自己喜欢的人物、动物等，并让它们站在木棍上。能运用牙签等辅助材料为自己的彩泥作品进行较为细致的花纹装饰。关注幼儿良好操作习惯的养成，提醒幼儿有序选择、使用各种彩泥，并能将碎落的彩泥放回原处。

4. 欣赏幼儿面人作品。

（1）将幼儿制作的小面人展示出来，互相观摩，共同欣赏。

（2）交流感受，对幼儿作品予以赞扬和鼓励，激发幼儿继续参加活动的兴趣。了解制作过程中遇到的困难和问题，及时给予帮助（图3-4-19）。

图3-4-19 幼儿作品

教学活动指导要领：

1. 泥工活动使教师了解幼儿内心世界和智力发展，促进幼儿身心健康发展

泥工活动是我们了解孩子的窗口，通过彩泥制作能够观察幼儿智力成长状况，窥视儿童内心世界，了解幼儿的性格与爱好。根据彩泥的制作过程和内容，了解他们的认知能力，观察分析可以得知幼儿成长的情况。通过泥工游戏和创作活动，发展幼儿的思维和活动能力，可以得知幼儿的情感、心绪、性格、兴趣和爱好。彩泥作品是幼儿在生活中通过观察、体验、思考后表现出的感受，对于他们的创造表现，教师和家长应给予理解和尊重。有时幼儿用捏来宣泄自己的情感，既能捏出困扰他们的问题和事件，又能表达他们快乐的情绪和事物。捏面人使儿童心理得到平衡，促进他们身心和谐健康发展。

图3-4-20 彩泥民间艺术形式

2. 彩泥教学活动能够拓展幼儿知识面，接触到更多的民间艺术形式

通常在彩泥活动中，幼儿表现的人物和动物都是孩子们喜欢的卡通形象，如喜羊羊、小猪佩奇、孙悟空、黑猫警长等。捏面人、老虎鞋、虎头帽等都是中国民间艺术形式，通常只有在中国传统节日活动、庙会上才可以接触到。教师将民间艺术形式带进彩泥课堂，邀请民间艺人现场演示和参与指导，会提高幼儿欣赏和制作的兴趣，引领幼儿欣赏和尝试表现，让幼儿有机会感受更多艺术表现形式，将中国传统艺术传承和发扬下去（图3-4-20）。

3. 彩泥主题活动应结合幼儿生活经验，选材符合幼儿年龄特征

在进行彩泥活动内容选择上除了要考虑到幼儿的年龄特点和对生活经验的理解，主题内容应尽量贴近幼儿的生活和已有知识经验。大多数的幼儿创作总离不开生活用品、动物、人物等贴近生活的实际题材，所以取材于生活是很有必要的。教师要引导幼儿观察生活，留心生活中物象的形与色，培养幼儿热爱生活的情感，最后在已有知识经验的基础上，在彩泥创作过程中品尝生活的乐趣，在乐中学，学中玩。如主题活动"热热闹闹中国年"中，幼儿结合过年时的实际体验，通过彩泥制作体会和表现过年时的景象和风俗习惯，创作出各种各样具有中国元素的彩泥作品（图3-4-21）。

图3-4-21 "热热闹闹中国年"彩泥作品

4. 彩泥活动适宜选择游戏性内容，激发幼儿制作欲望

教师在彩泥活动选材时，注重将彩泥作品与游戏相结合，让幼儿更积极、更主动、更快乐地参与其中。游戏化的语言及设定幼儿熟悉的情境能刺激他们兴趣的产生，激发他们动手操作的欲望，并在愉快轻松的游戏中掌握简单的技能。鼓励幼儿利用自己创作的彩泥作品与同伴来做角色扮演游戏，不但帮助他们提高自己的想象力和创造力，而且能够锻炼他们的交流沟通能力，与同伴分享彼此的收获。教师为幼儿创设游戏主题和情节，在活动一开始引导孩子们进入角色，幼儿的积极性被调动起来，为后面活动做好铺垫。幼儿利用完成的作品进行角色游戏，能够积极投入到游戏角色中。幼儿园中角色扮演时常用的美食、甜品、蛋糕，超市中的生活用品，城市中楼房、汽车，动物王国中的猛兽、恐龙、鸟禽，卡通片中的超级英雄等，都可以用彩泥进行制作，成为孩子们游戏中的玩偶（图 3-4-22）。

图 3-4-22　游戏性内容

练习与实训

1. 彩泥制作的基本技法和基本形体有哪些？
2. 掌握彩泥制作技巧，尝试制作 2~3 种彩泥创意作品。
3. 以小组合作形式，为幼儿园某一活动区角制作道具和用品。
4. 根据"中国年"主题，设计一个彩泥教学活动。

拓展链接

1. 捏面人

捏面人也称"面塑"，是一种制作简单但艺术性很高的传统民间工艺品。中国的面塑艺术早在汉代就已有文字记载。它用面粉、糯米粉为主要原料，再加上色彩、石蜡、蜂蜜等成分，经过防裂防霉的处理，制成柔软的各色面团。

捏面艺人根据所需随手取材，在手中几经捏、搓、揉、掀，用小竹刀灵巧地点、切、刻、划，塑成身、手、头面，披上发饰和衣裳，顷刻之间，栩栩如生的艺术形象便脱手而成。面人艺术具有体积小、颜色丰富、便于携带、材料便宜、制作成本较低廉等特点。捏面人在各地庙会上很常见，他们以蒸熟后着色的面团为原料，当场捏成各种戏剧人物和飞禽走兽，惟妙惟肖。经过面人艺人长期摸索，将卡通片或游戏中的造型融入创作中，使面人作品富有时代感和趣味性，并且不霉、不裂、不变形、不褪色，深受广大儿童的喜爱（图 3-4-23）。

图 3-4-23 捏面人

2. 陕西花馍

陕西花馍又称"礼馍""面花",其实就是花样馒头,陕西花馍是面塑艺术的代表之一,它的花饰以花鸟鱼虫、蝴蝶、蔬菜、水果等万物生灵为主,表达对祖先的祭祀、对长辈的祝福和对美好生活的向往等丰富内容。制作花馍的工具都是手边的普通物件:剪刀、木梳等,关键是一双巧手。和面、蒸馍的火候也都有讲究,只有技术高超的人才能蒸出形状好、不变形的花馍。

乡间逢年过节都要蒸制花馍。如春节时期多做枣花馒头,象征幸福与多寿;正月十五做面盏,做送小孩子的面羊、面狗、面鸡、面猪等;出嫁女儿给娘家送"面鱼",象征丰收;婴儿满月做"囫囵",谓之"龙凤呈祥""猛虎驱邪";为老人祝寿用"大寿桃"。花馍在民间依不同岁时和用途有各种形式(图3-4-24)。

图 3-4-24 陕西花馍

3. 软陶制作

软陶是一种聚合质黏土,属于热固性材料,与彩泥玩法相近,在常温下柔软如泥,将不同颜色的软陶手工揉捏,塑造成千变万化的造型。软陶作品干燥时需要经烤箱烘烤,使其色泽鲜明,坚硬如陶,永不变形。软陶具有高度的延展性和可塑性,以其独特的艺术语言和丰富的表现力,充分体现现代人回归自然、表现自我的审美意识(图3-4-25)。

图 3-4-25 软陶制作

模块四
木工

【本模块概要】

　　木工坊是现在幼儿园的工作坊中常见的一种形式，通过木工制作过程中的测量、绘图、切割、锯挫、打磨、拼装、装饰等工序，激发孩子的创造力、锻炼手脑协调能力和意志力。本模块从工具的介绍到基本方法的引导做了全面的讲解，为学生以后的工作打下良好的基础。

【学习目标】

　　1. 了解木工制作中所需要的基本方法，向幼儿讲授时的注意要点。
　　2. 理解和掌握木工的基本组合方法，并尝试利用不同的方法进行创造。
　　3. 欣赏各类木工作品，提高学生的审美素养，同时与幼儿园实际运用相结合，扎实幼儿园教师的基本功。
　　4. 理解与掌握幼儿木工活动的指导要领。

第一节 木工基础

一、儿童木工的理论依据

早在百年前,教育家陈鹤琴先生就提出"做中教,做中学,做中求进步"的教育思想,他认为,应该以大自然、大社会为主要教材,以课本为参考资料。这是直接的活知识,是直接的经验。他不仅在学校中践行这一思想,在家中也进行着实践。在家中,他专门准备了小木桌、榔头、长短不一的钉子让儿子每天练习敲钉锤击。

践行着"做了就与事物发生直接的接触,就得到直接的经验,就知道做事的困难,就认识事物的性质"的思想理念,在这个过程中,他一边让儿子练习锤击敲钉,一边又让儿子利用榔头另一端的两个角把钉子拔出来练习敲歪了、敲斜了如何去纠正的方法与技能。他说:"孩子在这一过程中,兴趣很浓,久久不愿离开。""做中学""教学合一"的教学思想也是伟大教育家杜威先生和陶行知先生提出的。

这种"活教育"的思想为我们指引了教育的方向,也在我们当前的幼儿教育中不断践行。

二、工具与材料

1. 基本工具与材料

木头、锯子、钉子、锤子、墨线、螺丝、垫圈、扳手、镊子、钳子、泡沫、磁铁、卷尺、三角板、圆规、纸笔、木块、乳胶、样品、图纸、工作服、各种头的螺丝刀、砂纸、螺母和螺栓、水平仪、小树桩、护目镜、手摇钻、用于存储杂物的篮/桶、用于展示与摆放成品和加工中的物品的货架、用来画草图的画架(图4-1-1)。

2. 延伸工具

衣夹、胶枪和胶棒、剪刀、冰棒棍、橡皮筋、各种滑轮、绳子、相机。

图4-1-1 基本工具与材料

三、使用要点

1. 锤子的使用

敲打锤击是木工制作中最基本、最关键的操作技能。手拿木柄的位置不同,敲击的效果也会有差异,在使用的过程中应让幼儿去尝试握住木柄的不同位置和感受单手双手握住木柄在使用效果上的不同。在使用过程中,敲击的速度及力度的不同需要幼儿在使用中去不断尝试(图4-1-2)。

图4-1-2 锤子的使用

2.螺丝刀的使用

"使用螺丝刀"是木工制作连接中的又一技能。它的作用是连接木工作品活页与可以拆卸的作品。"拧"是依靠手部、腕部旋转的力量和重心垂直的运动。在这一过程中，需要学习使用螺丝、螺帽、十字螺丝刀和一字螺丝刀（图4-1-3）。

3.测量工具的使用

测量木条的长短是制作、组装作品中的必要技能。制作一件作品的长度、宽度都有相应的要求，这就需要掌握测量的方法，用铅笔画出测出的长度和宽度，再用铅笔画出相应的标志，再用刀或者锯子锯掉多余部分。测量时可以通过不同长度的木条进行测量，也可以利用正规的工具，如米尺、卷尺等进行测量（图4-1-4）。

图 4-1-3　螺丝刀的使用　　　　　　图 4-1-4　测量工具的使用

4.锯子的使用

在掌握了测量木条、画线标记的前期准备后，进入使用锯子工作的程序。使用锯子具有一定的危险性，必须一对一指导使用。使用时，锯子的拿法、使用时的体姿、双手把握的松紧力度、同伴间的合作等，都应了解清楚，避免产生安全问题。拉锯时应顺着木条和锯板，把握来回拉锯的力度，不能强拉，否则锯条卡住后更拉不动（图4-1-5）。

图 4-1-5　锯子的使用

四、作品赏析

图 4-1-6　　　　　　图 4-1-7　　　　　　图 4-1-8　　　　　　图 4-1-9

五、案例分析

大班手工活动"锯木条"

[活动目标]

1. 通过尝试双手操作，安全拿取手拉钢锯。
2. 能与同伴合作，尝试解决合作过程中的问题，体验使用锯子干活的乐趣。

[活动准备]

1. 不同长度、不同直径的木条，将其分类摆放。
2. 手拉钢锯、二链锯、榔头、钉子、铅笔等工具。

[活动过程]

1. 认识各种不同的锯子，了解有关安全使用锯子的注意事项。

（1）让幼儿观察各种锯子，并说出各种锯子的特征。

（2）说说谁会使用锯子及如何使用。

（3）说说在使用锯子时，要注意哪些安全问题。

2. 教师示范操作。

（1）教师示范画线后使用锯子锯木条，讲解调整锯子时要注意的安全事项。

（2）请两名幼儿尝试合作操作，进一步明确合作锯木条的方法。

3. 幼儿操作，教师指导。

（1）幼儿两人一组，选择材料，根据需要合作画线锯木条。

（2）根据锯成的木条，用钉子自然联结成作品。

（3）教师巡视，要特别关注动手能力较弱的幼儿使用锯子时的安全问题。

4. 作品展示，交流经验。

（1）介绍锯木条的方法和与同伴合作完成的经验。

（2）在操作的过程中碰到了哪些困难？是如何解决的？

教学活动指导要领：

1. 木工活动对孩子的专注、耐心和坚持等意志品质的培养有积极的作用。当孩子们成功地完成了他们的作品，即使只是把一个木块切成两半，这个过程也会让他们获得成就感和自信心。在指导时应注重的是幼儿在过程中的收获而不是结果。

2. 木工活动能提升孩子的问题解决能力，培养他们的创造力。为孩子们提供了足够的材料、适宜的工具、技术支持和权限时，他们就能按照自己的想法去实践和探索。

3. 木工活动给孩子带来的合作机会培养了他们的社交与合作能力。孩子们为了完成同一个制作目标，需要相互商量配合、取长补短，这个过程自然地提高了孩子们的交往技能。

练习与实训

1. 尝试使用不同的木工工具，学习工具的用法。
2. 利用基本技法制作一件木工作品。

第二节 木工的组合

一、简单组装活动

在学习了基本工具的使用方法后，有了一定的操作基础，接下来可以进行简单的木工组合。简单组装有两个步骤：第一步，平面间的组装连接，利用木块长短、厚薄的不同，进行制作；第二步，通过基础的组装连接，学习简单的立体物品的制作（图4-2-1）：

（1）平面与平面的连接。

（2）90°角的平面连接。

（3）自由拼装。

图 4-2-1　简单组装活动

二、模仿组装活动

在有了一定的"钉""拧"和平面结合之间的连接技巧之后，开始尝试一些基本物体的制作，如小桌子、小板凳、玩具手枪等。在此过程中，应仔细观察物品与材料的构成和作品的连接方法，进入模仿操作的阶段（图4-2-2）。

图 4-2-2　模仿组装活动

三、绘图组装活动

设计是伴随木工创造应运而生的。在木工活动中，为自己设计一件作品是最开心不过的了。在设计作品时大体有两个要点：

1. 设计草图

在设计之初，作品是在随手的图画中得来的，让铅笔来帮助思考。开始的时候，我们往往把作品绘制得过于复杂，过多地表现作品的细节，如物品的凹凸不平面，衬托的花草、树木。在制作时就会发现，这些草图过于复杂，反过来继续思考，重新观察，就会发现小桌子就是由一个桌面平板和四根小木棒连接而成。这一过程中，观察是最好的老师。

2. 尺寸按比例放大

当画出草图，并按照草图的图示进行连接和组合后，有时会发现各个部件的比例不对，这直接影响到作品的稳定、结实和美观。这个过程可以借助测量工具，用做标记的方法进行辅助，然后按照比例在操作台上进行操作（图4-2-3）。

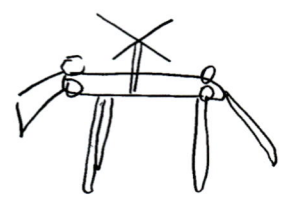   

图 4-2-3　绘图组装活动

四、创作过程范例"我的小桌子"

（1）绘制草图（图4-2-4）。
（2）根据草图，选择合适的材料（图4-2-5）。
（3）根据图纸，进行组合（图4-2-6）。
（4）完成作品（图4-2-7）。

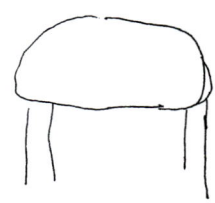   

图 4-2-4　绘制草图　　　图 4-2-5　选择材料　　　图 4-2-6　进行组合　　　图 4-2-7　完成作品

五、作品赏析

图 4-2-8　　　　　　　图 4-2-9　　　　　　　图 4-2-10　　　　　　　图 4-2-11

图 4-2-12　　　　　　　图 4-2-13　　　　　　　图 4-2-14

六、案例分析

大班手工活动"马路上的天桥"

[活动目标]

1. 根据已有生活经验，设计出马路上天桥的图纸，并制作出作品。
2. 在与同伴的合作商讨中，创作生活中的建筑美。

[活动准备]

纸、笔等相关工具与材料。

[活动过程]

1. 引出话题并进行讨论

教师：今天，我们要做天桥，谁来说说天桥是什么样的？

（1）请大家讲述马路上天桥的结构。（一个平面，两个侧面，两架楼梯）

（2）你看到过不同形状的天桥吗？

（3）你想设计什么样的天桥？

2. 画天桥设计图

幼儿绘制天桥设计图，教师巡回指导。

3. 幼儿分组制作天桥

（1）提醒幼儿注意选取制作天桥的材料。

第一，天桥的一个平面用长方形木块制作，两个侧面用硬纸板制作。

第二，两架楼梯用小圆柱饼叠钉而成。

（2）幼儿自由结伴，合作操作。

4. 分享交流制作经验

（1）介绍作品。

（2）说一说在制作过程中遇到的困难和解决问题的方法。

教学活动指导要领：

1. 在组装活动中，我们应尽力寻找幼儿身边的事物供幼儿观察、体验，便于幼儿想象操作。
2. 材料的提供上应该多样，以便幼儿自由选择。
3. 在提供素材时，应以简单的物品为观察对象，避开线条复杂、难以具体操作的内容。

练习与实训

1. 练习各种不同的组合方法。
2. 利用基本的组合方法，仔细观察生活中的物品，制作木工作品。

第三节 木工打磨装饰

一、作品打磨

精细打磨是作品组装完成后的一道工序，这道工序主要是将制作完成的作品的表面，用粗细不等的砂纸精细磨光，直至达到作品表面所需要的光滑程度为止（图4-3-1）。

图4-3-1　作品打磨

二、绘图装饰

精细打磨完工后，为了让作品更加精美，我们往往会在作品的表面进行装饰。有的采用绘画的方式，根据不同的作品，用不同的颜色画出各种图案；有的使用不同的纸质图案、木屑等，根据作品的需要，相对应地进行点缀粘贴；有的则用绳子（麻绳、棕榈丝等）进行结扎，把硬质的木工作品装饰成精致、美观的作品（图4-3-2）。

图4-3-2　绘图装饰

三、用作品创设游戏环境

这里的游戏环境是指以故事情节为主题，多个作品为题材，组合而成的、立体的、具有情景性的木工作品中展示的场景。在幼儿园中，利用自己制作的玩具进行情景游戏的尝试，增加了游戏的可玩性和幼儿的参与性（图4-3-3）。

图4-3-3　创设游戏环境

四、创作过程范例"独木桥"

（1）绘制草图（图4-3-4）。

（2）根据草图，选择合适的材料（图4-3-5）。

（3）根据图纸，进行组合（图4-3-6）。

（4）完成作品（图4-3-7）。

图 4-3-4 绘图

图 4-3-5 选材

图 4-3-6 组合

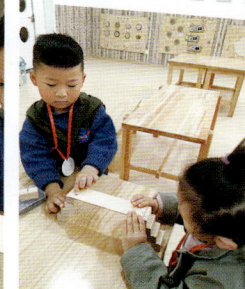
图 4-3-6 组合

图 4-3-7 完成

五、作品赏析

图 4-3-8

图 4-3-9

图 4-3-10

图 4-3-11

图 4-3-12

六、案例分析

大班手工活动"我的小火车"

[活动目标]

1. 了解火车的基本结构和组成方式，在此基础上，发展幼儿自行设计、制作木工作品的能力。

2. 在创作组合过程中，增强木工制作与情境创造的乐趣。

[活动准备]

各种制作工具、木料。

[活动过程]

1. 引出话题并进行讨论

（1）大家知道我们现在从上海到北京要多久吗？（如中国的复兴号，缩短了城市间的距离，只需要四个多小时就能到达）

（2）那大家有没有见过复兴号，复兴号长得什么样子呢？

（3）今天，我们通过木工来制作一个复兴号，好吗？

2. 讨论、制作

（1）请幼儿自由结伴，合作设计火车车厢，并根据自己的愿望去设计火车。

（2）幼儿根据设计的图纸进行制作。

3. 组合作品

（1）设计摆放各种作品的场景。

（2）欣赏讲述作品的功能。

4. 分享交流制作经验

（1）介绍作品（图 4-3-13）。

图 4-3-13 作品

（2）说说在制作过程中遇到的困难和解决问题的方法。

教学活动指导要领：

1. 打磨分为两个阶段：第一阶段是对木料的打磨，主要是对一些棱角比较明显的板材进行打磨，让孩子感受从粗糙到光滑的手感，激发他们打磨的兴趣。第二阶段是在作品完成后的打磨，如小桌子、小盒子制作完成后，我们进行打磨，让幼儿更加精致地装饰自己的作品，增加作品的美感。

2. 在作品装饰时，我们应引导幼儿运用多种方式去制作自己的作品，激发幼儿对绘画和木工的兴趣，在此过程中使自己的作品更加精致，从而体验成功感。

 练习与实训

1. 练习各种不同的组合方法。

2. 利用基本的组合方法，仔细观察生活中的物品，制作木工作品。

模块五
其他材料造型

【本模块概要】

材料激发了幼儿的想象力和创造力。本模块将对生活中的各种材料以点线面的形式进行归纳,利用材料的特性进行再次创作。点线面是我们创作中的基本单位,合理的搭配、巧妙的组合会产生意想不到的效果。给学生、给幼儿一定的素材积累和想象空间,他们会发挥其潜能,创造出神奇的效果。

【学习目标】

1. 了解点状、线状、面状、块状等各种材料,感受不同材料的特征,运用各种材料制作出环境布置及幼儿教学所需的造型。

2. 掌握设计构图和制作技法,能够独立完成特定的造型,培养动手能力,提高审美能力。

3. 结合地方文化元素,吸纳传统文化中的艺术精华。

4. 理解与掌握多种材料造型活动的指导要领。

第一节 点状材料造型

一、点状

在视觉艺术中，点是基本的造型元素之一，它有具体的空间位置，有面积的大小，也有不同的形状，如三角形、菱形、梯形、圆形等。点的排列和组合可以是多样的，点的大小、疏密也会产生节奏感，使画面呈现出不同的明暗变化，表现出黑、白、灰的层次感。

二、工具与材料

点状材料造型主要运用不同材质、不同色泽、不同大小的点，拼贴成一幅平面作品。常用的工具有剪刀、美工刀、乳胶、镊子等。常用的材料有沙子、蛋壳、贝壳、纽扣、粮食等（图 5-1-1）。

图 5-1-1　工具与材料

三、基本技法

1. 并列粘贴

并列粘贴是指将点状材料按照一定顺序排列，从上至下、从左至右或从一个点开始粘贴，表面尽量保持平整，根据材料的形状，安排好缝隙的大小。厚重的点状材料通过并列粘贴可以表现出画面的层次感，运用较小的材料时，可以借助镊子进行摆放，为了使画面整洁，将乳胶涂在材料与底纸的接触面（图 5-1-2）。

图 5-1-2　并列粘贴

2. 重叠粘贴

重叠粘贴可以增添画面的韵律感，适用于一些较小的点状材料，如沙子、碎蛋壳等。将其进行堆叠，可以加强画面的厚重感（图 5-1-3）。

图 5-1-3　重叠粘贴

3. 镶嵌粘贴

镶嵌粘贴是在并列粘贴的基础上，加以线条的装饰，运用材料的大小和色泽制作出不同风格的线条。镶嵌粘贴的装饰感较强，色彩对比强烈，形象一目了然（图 5-1-4）。

图 5-1-4　镶嵌粘贴

4. 染色法

点状材料拼贴画以合理利用材料本身的色泽为主，但在画面有特殊需要的时候，也可对其进行着色，使画面的效果更加丰富，弥补材料本身存在的不足（图 5-1-5）。

图 5-1-5　染色法

四、作品赏析

图 5-1-6　　　　　　图 5-1-7　　　　　　图 5-1-8

图 5-1-9　　　　　　　图 5-1-10　　　　　图 5-1-11　　　　　图 5-1-12

五、制作方法

1. 构思

首先选定画面，可选择装饰画、儿童读物等素材，构思画面。

2. 选择材料

所用的材料：大米、小米、红豆、绿豆等。

3. 选择底纸

由于粘贴需要使用乳胶，因此，底纸应选择较厚重的材料，颜色也不宜太杂乱（图5-1-13）。

4. 构图

选定底纸后，将鱼的造型画在底纸上，背景做少许点缀，并考虑好粘贴的方法（图5-1-14）。

5. 粘贴

粘贴时根据材料的大小和质地选择粘贴的工具和材料，较大的种子可将乳胶涂于底部和底纸的接触面，直接粘贴。小米由于体积较小，可将乳胶涂于底纸上，后将小米撒放在涂胶处（图5-1-15）。

图 5-1-13　选择底纸　　　　　图 5-1-14　构图　　　　　图 5-1-15　粘贴

六、案例分析

中班手工活动"美丽的相框"

［活动目标］

1. 学习用豆豆装饰作画，萌发对自然物的兴趣。
2. 能用点状材料"豆豆"装饰画面。
3. 能大胆创作，并能运用豆豆艺术品开展相关的活动。

［活动准备］

各种干豆豆和鲜豆豆、装饰盘子、铅笔、乳胶等。

[活动过程]

1. 谈话引题

"这些美丽的相框是用什么东西制作的？"介绍制作材料。

2. 讲解示范

（1）用铅笔在盘子或月饼盒子上勾画出自己想做的图案轮廓。

（2）用刷子刷上适量的乳胶。

（3）将各种豆豆进行不同排列和色彩搭配来装饰盘子和月饼盒子。

3. 幼儿操作

（1）幼儿自由选择相应的材料进行装饰活动。

（2）提醒幼儿大胆地选择适宜的材料进行创作。

（3）不要模仿同伴的创作，展开想象，制作出与他人不同的作品。

4. 作品展示

在美术角中展示，幼儿介绍自己的作品，认真听取他人的评价。

教学活动指导要领：

1. 培养幼儿勤于思考的品质

点状材料质地丰富，幼儿对于这些材料有着浓厚的兴趣，教师可以引导幼儿了解和认识材料的特质，根据不同画面的需要，选择合适的材料。在此过程中，幼儿对于如何选材料、选什么材料都会仔细地思考，同时，通过交流，加强幼儿对创作的兴趣。

2. 培养幼儿的探索精神

在制作过程中，教师充当的是引导者的角色，教师为幼儿提供各种原材料，或指导幼儿自己搜集各种点状材料，教师引导的过程中，不需要指定幼儿运用某种材料，幼儿可以自主探索各种材料的性质，充分培养幼儿的探索精神。

3. 促使幼儿掌握制作的方法

点状材料拼贴画的完成需要幼儿掌握一定的技法，教师可以引导幼儿掌握构图和粘贴的方法，在充分发挥幼儿想象力的同时，运用合适的材料和技法，将幼儿心目中的画面表现出来。

4. 教师给予正确的评价

教师可以为幼儿提供互相评价的平台，引导他们学会欣赏别人的作品。同时，教师给予幼儿的评价要以肯定为主，主要评价幼儿在制作过程中呈现的优点，给幼儿提出进一步的要求，在此过程中树立幼儿的自信心，为今后的学习打下基础。

练习与实训

1. 如何将大小不同、形状各异、色彩丰富的点状材料相结合，形成丰富的画面效果？
2. 点状材料造型的粘贴技法有哪些？
3. 点状材料造型的教学指导要领有哪些？
4. 试着设计制作一幅点状材料拼贴画。

拓展链接

英国艺术家简·帕金斯利用塑料玩具、珠子、纽扣、贝壳创造出的美丽肖像作品，未进行任何的着色，都是用物品本身的颜色搭配而成（图5-1-16）。

图5-1-16　简·帕金斯作品

第二节　线状材料造型

一、线状

几何学中认为，点的移动形成线。线有一定的长度和位置，也有方向性。在造型过程中，直线、斜线、曲线等不同的线带给我们不同的视觉感受，而利用不同材质的线状材料，更增添了画面的丰富质感。

二、工具与材料

面状材料造型主要运用不同长度、不同质感、不同色彩的线状材料，拼贴成一幅艺术作品。常用的工具有剪刀、美工刀、乳胶等。常用的材料有麻绳、棉绳、毛线、毛根、吸管、牙签等。

三、基本技法

1. 剪刻法

根据画面所需要的线条的长短，直接用美工刀或者小刀分割。

2. 编织法

将线状材料根据本身的特性，进行编制、盘绕，形成新的形象（图5-2-1）。

3. 缠绕法

利用笔等辅助工具，将线状材料紧贴其外部进行缠绕，得到弹簧线圈（图5-2-2）。

图5-2-1　编织法

图5-2-2　缠绕法

四、基本形式

1. 纸绳拼贴画

（1）设计构图，选择底板。将选好的内容绘制到底板上，草图要表现出线条的优美感（图5-2-3）。

（2）将纸绳做进一步的处理，归置好需要的颜色，利用缠绕或编织等方法制作不同造型的纸条，使画面的色彩更加丰富。

（3）粘贴。纸绳粘贴需要按顺序进行，将胶涂在底板上，再将纸绳依次粘贴，将多余的纸绳剪去（图5-2-4）。

图5-2-3 绘制　　　　　　　　　图5-2-4 粘贴

2. 毛根造型

（1）设计构图，选择较适宜的形象，如动物、植物等。

（2）按照造型的特点，将毛根进行简单的造型，如缠绕、扭转、编制等（图5-2-5）。

（3）组合。根据造型对毛根进行穿插和组合（图5-2-6）。

图5-2-5 简单造型　　　图5-2-6 组合

五、作品赏析

图5-2-7　　　图5-2-8　　　图5-2-9　　　　图5-2-10

图5-2-11　　　图5-2-12　　　图5-2-13　　　图5-2-14

六、案例分析

中班手工活动"线的自由造型"

［活动目标］

1. 通过找线、玩线等活动，对生活中的各种线条产生兴趣。
2. 能大胆与同伴交流、表述自己在玩线过程中的发现。
3. 积极参与线的造型活动，充分体验创造想象的乐趣。

［活动准备］

1. 幼儿收集的各种长短不一的线绳：塑料绳、毛线绳、彩线、彩带、皮筋、能弯曲变形的线。
2. 各种形状的彩色底板（泡沫板、KT板等）及双面胶、透明胶、胶水、剪刀、大头针等材料。

［活动过程］

1. 找线活动

幼儿找来的线绳越来越多，教师利用晨间谈话的时间组织孩子们交流自己的发现。由于他们都认真参与了找线的过程，因此讲述兴致很高，讲起来有声有色，很多幼儿都把在哪里找到的、和谁一起找到的讲得很清楚。在交流过程中还反映出，幼儿在找线的过程中对一些线的名称及用途也有了一定程度的了解。

2. 玩线活动

师：今天我们就来玩玩我们找到的线，小朋友可以自己选线玩，玩的时候可以试试用不同的方法让它变成有趣的曲线，再讲讲它像什么。

此活动为了让幼儿在宽松、自由的氛围中玩线，允许幼儿在周围的操作桌上操作，也可以在活动底板上自由操作。

幼儿在玩线的过程中，教师要善于观察指导，当有的幼儿能用两根线绳进行变化时，要及时表扬、肯定，并鼓励其他幼儿也能多选几根玩一玩、讲一讲，或者和好朋友合作玩线。

3. 线的造型活动

（1）简单介绍材料，提醒幼儿使用剪刀和大头钉时当心手。

（2）幼儿自由创造活动，老师注意鼓励大家能积极动手动脑，让线变出更有趣、更漂亮的图案来。

（3）鼓励幼儿相互欣赏、讲述，进一步体验成功的乐趣。

教学活动指导要领：

1. 引导幼儿感受材料

线状造型的材料质感丰富，可以培养幼儿的造型能力，引导幼儿观察生活中的各种材料并收集起来，在此过程中，幼儿可以亲自感受各种材料的质地。

2. 培养幼儿的创造能力

在制作过程中，鼓励幼儿大胆想象，勤于思考，遇到困难时，教师给予引导和帮助，发挥幼儿创造的主动性，表现幼儿内心真正喜爱的造型。

3. 树立自信心

教师为幼儿提供展示的平台，鼓励幼儿大胆地表达自己的创作想法，让幼儿在展示的过程中树立自信心，体会创作的乐趣，培养他们自信的品质。

 练习与实训

1. 幼儿园教师应如何更加巧妙地将线状造型应用到幼儿教学活动中？
2. 制作一幅以"美丽的风景"为主题的线状贴画，利用不同颜色、不同形式的纸绳进行巧妙地组织、拼贴，要求主题鲜明，色彩搭配合理。
3. 制作一个毛根作品，以"我喜欢的小动物"为主题，利用毛根的特性进行精心的设计和巧妙的结合。要求造型生动，制作精美。

 拓展链接

艺术不分国界，也没有固定的形式，艺术的表现手法总是多种多样，每个人都有自己独特的想法和所擅长的风格。凡·高喜爱点彩画法，画面色彩强烈，色调明亮。他追随内心的想法，大胆创作，追求线条和色彩自身的表现力以及画面的寓意性。当凡·高遇上移轴摄影时，我们看到了一组梦幻又不失真实的绮丽画面，而当凡·高遇上拼贴画时，你也不得不感叹创作者的奇思妙想与艺术的伟大。

来自韩国的李秋白非常热爱凡·高的作品，他将报纸杂志等印刷品裁切成纸条，拼贴成色块组合，模拟凡·高画作中自由不羁的笔触，效果是不是很赞呢？

图 5-2-15 李秋白拼贴画作品

第三节 面状材料造型

一、面状

面是由线的聚合组成的。面有形状和位置，它的形状变化丰富，有圆形、方形、不规则图形。面给我们带来的视觉效果是开阔的，有伸展性的。在画面中，一般以面为主体形象，占据画面的大部分面积，由于面的表现效果突出，因此也形成了强烈的黑白灰对比关系。

二、工具与材料

面状材料造型主要运用不同形状、不同厚度、不同色彩的面状材料，拼贴成一幅作品。常用的工具有剪刀、美工刀、乳胶、双面胶等。常用的材料有树叶、花瓣、彩纸、铅笔刨花、羽毛等（图5-3-1）。

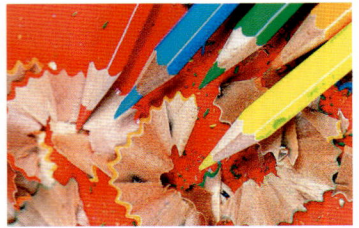

图5-3-1　工具与材料

三、基本形式

（一）树叶贴画

树叶拼贴画是利用树叶、草叶等自然材料，借助这些材料本身的形状和色彩，经过组合、拼贴而制成一幅作品。树叶等自然物较容易收集，可以平时收集后，放在厚书本中压平待使用（图5-3-2）。

图5-3-2　树叶贴画

1.选择工具材料

常用的工具有剪刀、美工刀、乳胶、镊子等。

常用的材料有树叶、草叶、花瓣、彩色卡纸等。

2.基本技法

（1）剪切

根据造型的需要，将树叶剪切成相应的形状，注意细节部分的刻制（图5-3-3）。

（2）重叠

为了表现羽毛等层叠的质感，可将树叶进行叠放，注意各部分之间的遮挡关系，把握好疏密的对比（图5-3-4）。

（3）染色

当树叶等材料的色彩不能满足画面需要的时候，可用水粉颜色对其进行染色，同时可以在树叶表面绘制纹样，使材料的色彩变得更丰富，装饰性更强（图5-3-5）。

图 5-3-3 剪切

图 5-3-4 重叠

图 5-3-5 染色

3.制作步骤

（1）构思构图

充分考虑幼儿的审美需求，选择适合幼儿的题材，可以是独立的装饰形象，也可以有一定的故事情节，选择造型时要联系树叶的外部轮廓进行考虑，充分利用树叶的外形特征和颜色，将构思好的草图画到底板上（图 5-3-6）。

（2）搜集树叶

树叶的种类十分丰富，无论是从外形还是色彩上观察，树叶都有着千差万别的特点，根据造型的需要，考虑叶子的形状、大小和颜色，使叶子本身的特征被充分地利用到画面中。

（3）粘贴

粘贴工具可选择双面胶或乳胶，乳胶保存效果更持久，但乳胶质地稀薄，不宜涂抹过多，否则底板会产生严重的褶皱（图 5-3-7）。

（4）整体调整

根据画面效果做整体调整，补充构图的不足（图 5-3-8）。

图 5-3-6 构图

图 5-3-7 粘贴

图 5-3-8 整体调整

（二）铅笔刨花贴画

铅笔刨花贴画是利用铅笔刨花粘贴而成的拼贴画。由于铅笔木质有自然的纹理，笔杆有不同的形状和颜色，因此，铅笔可以削出不同种类的刨花。平时可以分类搜集备用。

1.选择工具材料

常用的工具有剪刀、美工刀、乳胶、镊子等。

常用的材料有铅笔刨花、彩色卡纸等。

2.基本技法

（1）并列粘贴

并列粘贴是将刨花在一定形状的草稿内进行并列排列，保证间隙基本均匀，充分显示铅笔刨花本身的纹理和颜色。

（2）重叠粘贴

将铅笔刨花重叠起来，可以表现出形象的层次感和厚重感，突出画面的立体效果。

3.制作步骤

（1）构思构图

构思时要考虑到铅笔刨花本身的形状和纹理，铅笔刨花的形状多为扇形，表现动物的羽毛、水面等较为合适。彩色铅笔笔杆颜色丰富，刨花的边缘也呈现不同的颜色，可以粘贴出渐变的效果（图5-3-9）。

（2）准备材料

平日可以细心搜集和整理不同种类的铅笔刨花，按照颜色或纹理等特征分类存放。底纸可用彩色卡纸或KT板等。

（3）粘贴

由于铅笔刨花质地较薄，粘贴时要格外小心，可以借助镊子等工具，保证刨花的完整性，按照顺序依次粘贴（图5-3-10）。

图 5-3-9　构图　　　　　　　　　　　图 5-3-10　粘贴

四、作品欣赏

图 5-3-11　　　　　　　　图 5-3-12　　　　　　　　图 5-3-13

图 5-3-14　　　　　　　　图 5-3-15　　　　　　　　图 5-3-16

五、案例分析

中班手工活动"威武的大狮子"

[活动目标]

1. 欣赏不同姿态的雄狮，感受大狮子威武的形象，了解狮子的外形特征。
2. 乐意用撕、剪、贴等多种方式表现大狮子，突出大狮子鬃毛的特点，表现狮子的威武。
3. 在活动中积极创作与想象，体验创作的乐趣。

[活动准备]

彩色打印纸，胶棒，勾线笔，油画棒；黑色的卡纸做底板；大狮子的教学课件，动画片《狮子王》片段。

[活动过程]

1. 欣赏动画片《狮子王》片段，感受大狮子的外形特征和动态。

教师：狮子王来做客了，我们来看看大狮子长什么样。（播放《狮子王》片段）

教师：大狮子的头是什么样的？头上有什么？（引导幼儿欣赏和分析大狮子威武的形象）

师：大狮子的身体是什么样的？有几条腿？尾巴像什么？

小结：大狮子长着大大的、圆圆的脑袋，披着长长的鬃毛，还有一个大鼻子和一对神气的眼睛。它椭圆形的身体上有四条腿，还有一根像鞭子一样的尾巴。

2. 先看课件，欣赏大狮子的不同动态，进一步感受大狮子的威武。教师播放课件，提问：这些大狮子在干什么？你觉得哪一只最威武？（通过多方位的欣赏，加深幼儿对狮子外形的印象，进一步梳理狮子的外形特征）

3. 教师和幼儿共同探究大狮子的表现方法。

引导幼儿观察材料，告诉幼儿：我们可以用撕、粘贴、添画的方法来表现大狮子。

提问：狮子的脸怎么表现？（请个别幼儿到黑板上示范撕一个狮子的脸）

提问：狮子的鬃毛怎么表现？怎样才能表现出大狮子的威武？（引导幼儿先将纸撕成条，然后直接粘贴在狮子的头部，或将纸条卷一卷再粘贴在狮子的头部）

提问：你想表现什么动作的大狮子？是奔跑的、站立的还是趴着的？（引导幼儿理解，动作不一样，身体和腿的位置也是不一样的）

小结：先撕贴，再添画。首先撕出狮子的头，再为狮子的头撕贴出一圈长长短短的鬃毛，最后添画五官和花纹。

4. 幼儿自由创作与表现。

（1）引导幼儿根据自己的设想撕纸，然后将撕好的大狮子的各部分贴在黑色的卡纸上。

（2）添画花纹和背景，表现大狮子所处的环境。

教师：粘好威武的大狮子后，可以用油画棒继续添画狮子身上的花纹和所处的环境，如大森林、大草原等，更加突出大狮子的威武。

5.展示作品

将幼儿制作好的大狮子竖立在桌子上,邀请小朋友们一起来参观"狮子乐园"。

教学活动指导要领：

1.培养幼儿节约的好习惯

面状材料很多来源于生活,如树叶、旧杂志等,教师可以引导幼儿认识各种材料,分析其特点和用途,平日里注意收集整理,同时可以养成幼儿节约的好习惯。

2.培养幼儿的创造能力

无论是根据形象选择材料,还是根据材料的特性联想形象,都能够培养幼儿勤于思考的品质,创作过程中,可以培养幼儿的创造能力。

练习与实训

1.生活中可利用的面状材料有哪些？

2.制作一幅以"我喜爱的动物"为主题的面状材料拼贴画,利用材料的不同颜色、不同质地进行巧妙的拼贴,要求主题鲜明,色彩搭配合理。

拓展链接

你还记得你的第一条牛仔裤是什么样子的吗？它早就被你丢弃了吗？在一次整理房间时,英国艺术家伊安·贝瑞翻出了很多条已经不能穿的旧牛仔裤,他发现每条旧牛仔裤的颜色都是那么的漂亮,于是他便有了一个念头:要用这些曾经伴随自己的光鲜的、不同色彩的牛仔裤进行艺术再创造。

一瓶胶水、一把剪刀加上不同颜色的旧牛仔裤是他创作的必备三样。不同的布料颜色代表着不同的光线,这种用服装自身布料颜色进行明暗区分的拼贴艺术看上去十分协调,加上牛仔裤的自然脱旧,使整个画面的精细程度让人难以相信这居然是用自己穿的牛仔裤拼贴而成。没想到一块块的牛仔丹宁布,竟然也能变成一幅幅令人意想不到的生活即景,真的是很棒的创意素材呢！

图5-3-17 伊安·贝瑞贴画作品

第四节 块状材料造型

一、块状

块状造型是具有长、宽、高三度空间的形状，它有位置和方向。在制作造型时，可利用各种块状材料组合成新的形象。

二、工具与材料

块状材料造型常用的工具有剪刀、美工刀、乳胶、牙签、画笔等。常用的材料有各种蔬果、木头、彩纸等（图5-4-1）。

图 5-4-1　工具与材料

三、基本形式

（一）蔬果组合

蔬果的品种繁多，形象丰富，蔬果本身色彩鲜艳，可塑性强，可制作出具有自然纹理和色彩的装饰品。

1. 工具材料

常用的工具有剪刀、美工刀、乳胶、牙签等。

常用的材料有各种蔬菜水果。

2. 基本技法

（1）切

将蔬果切成块状，可保留表皮自然的色彩和纹理。

（2）插

由于块状蔬果有一定重量，可利用牙签等辅助工具进行组合，使搭配组合出的造型更加牢固。

3. 制作方法

（1）构思

仔细观察各种蔬果的色彩、形状和质感，对它的外形特征和内部结构做进一步分析，将其与构思的形象相结合，形成新的造型。

（2）材料加工

根据造型需要，挑选形状相似的蔬果，或将其进行加工，形成新的形状。

（3）搭配组合

将加工好的材料用牙签进行固定，可以对细节做进一步的刻制。

螃蟹的具体制作步骤：

第一步：准备好梨子、牙签等材料。

第二步：将梨子切成不同形状，以适合螃蟹的各部分结构（图5-4-2）。

第三步：将各部分组合，用牙签牢固地连接在一起，用黑色记号笔画上眼睛（图5-4-3）。

图5-4-2　切块　　　　　　　　　　图5-4-3　组合

（二）瓦楞纸造型

瓦楞纸造型是用色彩鲜艳的瓦楞纸，制作成大小不同的块状造型，用乳胶等辅助材料进行粘贴组合，得到新的艺术作品。

1.工具材料

常用的工具有尺子、剪刀、美工刀、乳胶等。

常用的材料有各色瓦楞纸。

2.基本技法

（1）制作实心圆

将瓦楞纸切成纸条状，从一端开始卷起，注意要卷得紧密，最后用胶粘贴尾部（图5-4-4）。

 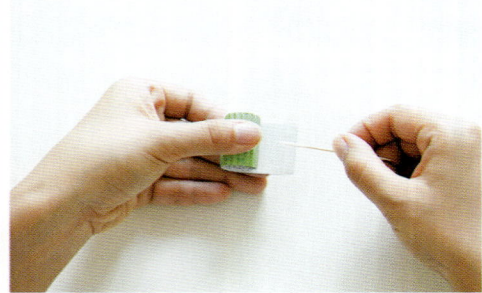

图5-4-4　制作实心圆

(2) 制作空心圆

借助圆柱形物体，将瓦楞纸缠绕在其表面，用乳胶粘贴尾部，固定后将其取下，得到空心圆（图5-4-5）。

图 5-4-5　制作空心圆

(3) 制作圆锥形

将瓦楞纸卷成实心圆，将中心向一方顶出，得到圆锥体（图5-4-6）。

图 5-4-6　制作圆锥形

3. 制作方法

(1) 构思

选择幼儿较熟悉的形象作为制作对象，如交通工具、动物、植物等。

(2) 材料加工

分析对象的结构特征，用瓦楞纸制作出各种块状造型，注意色彩的搭配。

(3) 组合粘贴

用乳胶将各部分粘贴，形成新的形象。

小猪的具体制作步骤：

第一步：准备好瓦楞纸、乳胶等材料。

第二步：将瓦楞纸制作成大小不同的实心圆备用（图5-4-7）。

第三步：将各部分组合，用乳胶进行粘贴（图5-4-8）。

第四步：用配件和卡纸制作出五官等细节。

图 5-4-7　制作实心圆　　　图 5-4-8　粘贴

四、作品赏析

图 5-4-9

图 5-4-10

图 5-4-11

图 5-4-12

图 5-4-13

图 5-4-14

图 5-4-15

五、案例分析

大班手工活动"蔬果造型"

［活动目标］

1. 尝试根据蔬菜、水果的自然形状和色彩通过想象加工自制蔬果造型。
2. 体验创作的快乐，培养审美的情感。

［活动准备］

1. 黄瓜、小番茄、土豆、苹果、橘子、香蕉等蔬果。
2. 工具材料：牙签、彩色卡纸、棉花、电线、橡皮泥等材料。
3. 范例若干。

[活动过程]

（一）导入活动，引起幼儿兴趣

教师：小朋友们带来了很多蔬菜水果，今天我们想想办法，把这些蔬果打扮一下，做成漂亮的蔬菜宝宝吧！

（二）出示范例，激发幼儿创作的兴趣

教师出示蔬菜水果造型的范例，引导幼儿欣赏。

教师：你知道这些水果造型是用了哪些材料做成的吗？（重点引导幼儿观察分析蔬果造型所用的艺术手法和创意，例如，利用蔬菜水果本身外形，巧妙造型，搭配色彩）

（三）幼儿利用蔬菜水果进行创作

1. 出示蔬菜水果，启发幼儿根据蔬菜水果的自然外形和颜色进行想象。

提问：

挑选一种蔬菜后，先仔细看看它的外形像什么？

你想把它变成什么呢？

还需要什么蔬菜或其他材料和它组合在一起？

选用什么材料把它们连起来呢？（教师重点说明牙签的使用方法和注意事项）

2. 幼儿创作：

（1）鼓励幼儿想好要做怎样的蔬菜娃娃，并有意识地选择蔬果。

（2）鼓励幼儿做出与别人不一样的蔬果造型。

（3）个别指导使用牙签连接的方法。

（四）交流分享

展示幼儿的作品，幼儿互相欣赏：蔬果娃娃是用什么蔬菜（水果）做的？用了哪些材料？它的名字叫什么？

教学活动指导要领：

1. 发挥幼儿自主性

幼儿可以在家长的帮助下搜集材料，在此过程中考虑各种材料能联系到哪些形象，幼儿根据自己的思考和选择，大胆表达自己的想法，为创造提供更多可能性。

2. 增加生活体验

块状材料很多来源于日常生活，如蔬菜水果，幼儿可根据季节选择不同的蔬果，也是认识蔬果的有效途径。除此以外，很多生活中的废旧品也可以利用，使幼儿获得更多生活体验。

 练习与实训

1. 教师应如何引导幼儿将单独的块状造型组合成小场景，给幼儿更多的想象空间？
2. 教师如何引导幼儿搜集生活中的可利用资源？
3. 尝试以"街道"为主题，利用块状材料制作各种交通工具。

拓展链接

平面设计师、插画师马丁萨特日前发布了他最新的设计作品,利用水果和蔬菜在杯子中的排列组合,拼出了五官清晰、表情细致入微的人物肖像,让人赞叹不已(图5-4-16)。

图5-4-16 马丁萨特作品

模块六
舞台美术设计与制作

【本模块概要】

幼儿需要表现的空间和形式,而教师无法从市面上买来所需的物品,那么就需要教师掌握基本的方法和形式来配合幼儿的学习需求。通过本模块的学习,学生将从舞台上的表演搭档、舞台装扮、舞台背景几个方面全面了解舞台设计的基本方法和原则。

【学习目标】

1. 了解舞台设计中涉及的玩偶、面具、服装及舞台背景的设计、制作方法和基本技巧。
2. 理解和掌握舞台设计的形式美法则和表现手法。
3. 欣赏各类舞台设计用品,提高学生的审美素养,同时与幼儿园实际运用相结合,扎实幼儿园教师的基本功。
4. 理解与掌握舞台美术设计与制作活动的指导要领。

第一节 玩偶的制作

一、玩偶的起源和发展

玩偶可以使儿童高兴，也能触动成人的心灵，它被认为是一种独特的、创新性的表现形式，具有娱乐、告知、劝导和号召的作用。玩偶的起源可以追溯到公元前九世纪的中国和印度，它在这两国几乎是同时发展起来的。我国民间的皮影戏可以追溯到汉武帝时期，用棉帛制成人偶，在人偶手脚处装上木杆，利用灯烛的影子进行表演的形式。

玩偶的使用可以丰富幼儿教育方案中的所有领域。通过使用玩偶去表达感情、感受创造性的学习过程，儿童自尊心也可以得到增强。

二、玩偶的种类

玩偶制作材料丰富，种类繁多，我们可以从类型上把玩偶归纳成三种基本的类型：手偶、拉杆玩偶和提线玩偶。

1. 手偶

手偶有多种类型，并且都是幼儿容易制作和操作的。从指偶开始，儿童立刻就可以拥有一个自己的玩偶。在儿童的手指上用记号笔画出两只眼睛、一个鼻子和一个嘴巴，这就是很有趣的活动，你会发现有些儿童会舍不得洗干净自己的手指。手偶的形式多样，可以分为手绘手偶、布艺手偶、纸袋手偶、纸板手偶、超轻土手偶、废旧品手偶和袜子手偶（图 6-1-1~图 6-1-7）。

图 6-1-1 手绘手偶

图 6-1-2 布艺手偶

图 6-1-3 纸袋手偶

图 6-1-4 纸板手偶

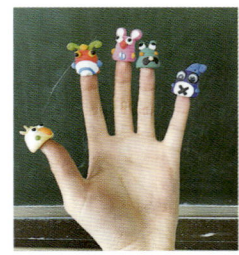
图 6-1-5 超轻土手偶

图 6-1-6 废旧品手偶

图 6-1-7 袜子手偶

2. 拉杆玩偶

拉杆玩偶是用一个简单的棍子，如冰糕棒、一次性筷子、工艺棒等来控制的，甚至更小的角色还可以放在吸管上。角色本身可以从杂志、画报和包装纸上剪下来，或者按照模型描下来，还可以自己画出来，然后把它粘到棍子或吸管上。很多卡片店或者玩具店有动物形状的纸盘,把它们钉在木棍上也是很好玩的玩偶(图6-1-8)。

图6-1-8 拉杆玩偶

3.勺子玩偶

勺子玩偶是一种好玩的玩偶。勺子盛东西的部分作头,柄可以作身体。用记号笔或者颜料在勺子头上画出脸(图6-1-9)。

4.皮影

皮影是儿童喜欢的玩偶形式,真正的皮影是用皮革制作而成。我们在指导幼儿时可以用一定厚度的PVC薄膜进行替代,在PVC膜上用彩色记号笔进行绘制,再用一次性筷子进行支撑,完成简易皮影作品(图6-1-10)。

图6-1-9 勺子玩偶　　　　　　　　　图6-1-10 皮影

5.提线玩偶

提线玩偶用细绳来控制,可以表现全身的动作。引导幼儿思考制作提线木偶的每一步,"飞机操纵"是最为简单的一种设计,通常用头部的一根线绳及每只手一根线绳来控制动作。此种玩偶的爱护也是重要的一部分。为了避免把线缠绕到一起,在用过后应把玩偶挂起来。挂起来的提线玩偶将成为教室的特别装饰(图6-1-11)。

图6-1-11 提线玩偶

 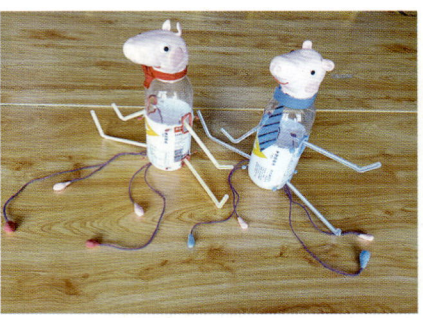 

图 6-1-11　提线玩偶

6.其他类型的玩偶

影子玩偶具有其他玩偶不能提供的视觉效果。影子玩偶可以在黑暗的房间里玩，用一根杆把玩偶从下面放到半透明的屏幕后面，操纵玩偶的人控制着平面的玩偶剪影，观众就可以从屏幕另外一面看到活动的形象。最简单的影子动物形象就是飞鸟。当年龄大一些的儿童用具有创造性的方式去创作出其他的形象时，就会进入更加复杂的影子玩偶游戏（图 6-1-12）。

图 6-1-12　影子玩偶

三、作品赏析

图 6-1-13　　　　　图 6-1-14　　　　　图 6-1-15

图 6-1-16　　　　　图 6-1-17

更多作品赏析

四、案例分析

大班手工活动"摇手玩偶"

[设计意图]

《幼儿园教育指导纲要（试行）》指出："指导幼儿利用身边的物品或废旧材料制作玩具、手工艺品等来美化自己的生活或开展其他活动。"让幼儿利用废旧的纸杯、吸管制作成会摇动手臂的玩具，让幼儿摆弄、玩耍，能引起幼儿强烈的创作欲望，提高幼儿的美术表现技能。同时，调动幼儿已有的知识经验，装饰上漂亮的脸和可爱的手，最后在玩摇手玩偶的同时感受成功的快乐。

[活动目标]

1. 学着看图示，尝试按照图示的步骤用纸杯、吸管等材料制作会摇动手臂的人物、动物玩偶。

2. 能大胆地表现人物或动物的主要特征。

3. 感受自制玩具的乐趣。

[活动准备]

摇手玩偶成品、半成品范例各1个，步骤图，幻灯片，纸杯，打孔机，弯头吸管，透明胶带，双面胶带，剪刀，彩纸，毛线，包装带，牙膏盖；视频展示台，液晶投影仪，计算机，背景音乐。

[活动过程]

1. 操作摇手玩偶导入活动，激发幼儿兴趣

师：今天老师给小朋友们带来了一个好玩的玩具，它是什么呢？（出示摇手玩偶成品）

师：这个摇手玩偶好玩吗？你们看看是怎么让它的手动起来的？（上下拉动吸管）

师：摇动的手臂是用什么材料做成的？

2. 幼儿探索，师生共同总结制作方法

（1）师：这里有一幅图，上面有制作摇动手臂的步骤，请小朋友看一看、说一说，做出摇动手臂需要什么材料和工具？（纸杯、打孔机、两根弯头吸管、透明胶带）

师：图上告诉我们做出摇动手臂的步骤是怎样的？先做什么？后做什么？

（2）幼儿尝试按照步骤图制作。

师：老师给小朋友准备了纸杯、打孔机、弯头吸管、透明胶带，请你们看着图上的步骤试一试吧。

（3）请幼儿介绍制作摇动手臂的方法。（借助视频展示台投影放大）

师：谁做出了摇动手臂？请你告诉大家你先做了什么？后做了什么？

师：做的过程中有没有遇到问题？遇到了问题你是怎么解决的？

小结：在制作时，第二个洞要在第一个洞的对面打，高度要差不多，要把弯头吸管长的一头插到洞里面，才能有长长的手臂。要把两根吸管的弯头部分牢牢地绑在一起，上下拉动吸管时，长长的手臂就会摇动了。

3. 交代要求，幼儿创作

师：你想做个什么样的摇手玩偶？是动物，还是人物？

师：老师准备了许多材料，有彩色纸、毛线、包装带、牙膏盖等，请小朋友装饰上漂亮的脸和大大的可爱的手。可以直接在纸杯上贴上五官，也可以做一张脸贴在纸杯上。贴的时候一定要贴牢、贴平整。

播放背景音乐，幼儿进行创作，教师巡回指导。

4. 作品展示，欣赏与评价

图 6-1-18 摇手玩偶

教学活动指导要领：

1. 通过活动的分组实践环节展示玩偶的玩法，通过实际操作向幼儿展示玩偶的使用方法，使幼儿有直观的感受。

2. 应和幼儿一起创作和使用玩偶。幼儿在开始创作自己的玩偶之前，给幼儿充分的时间去用玩偶进行游戏，让幼儿享受玩偶带来的乐趣。给出的环境不宜复杂，应充分发挥幼儿的即兴创作能力。

3. 让单个幼儿或者一组幼儿通过玩偶进行此阶段课程的学习，进而感受如何把玩偶融入日常的学习中，灵活使用。

 练习与实训

1. 认识了解玩偶的种类。
2. 尝试制作一种玩偶。
3. 利用玩偶进行一场小型的表演。

 拓展链接

沔阳皮影戏

沔阳（今湖北仙桃市）皮影戏，俗称"皮影子"，是一种非常古老的传统戏曲艺术。迄今已有 300 多年的历史。它是由沔阳渔鼓行腔与方言道白及皮影戏完全合流而融为一体的传统民间艺术，成为独具特色的渔鼓腔皮影戏。渔鼓腔出自旧时艺人的乞讨唱曲，调式多样，具有浓郁的乡土气息。在我国皮影戏艺术行当中，沔阳皮影戏又以玲珑剔透、造型生动的影像，优美抒情的唱腔，妙趣横生的台词，优雅动听的伴奏而独具一格，是江汉平原众多民间艺术中一朵绚丽的鲜花。

图 6-1-19　沔阳皮影戏

第二节　头饰与面具的制作

一、头饰与面具的起源和发展

头饰与面具作为一种文化，有着悠久的历史。从最初对妖魔鬼怪的驱赶、对图腾的崇拜，到对英雄人物的歌颂、对美好生活的向往，头饰与面具寄托着人类丰富的情感，并以独特的视觉语言和大众最喜闻乐见的形式，广泛流传于民间。现在，头饰与面具已成为戏剧、舞蹈表演的道具，是人们除旧迎新、欢歌劲舞、交流情感时不可或缺的装饰。

头饰和面具是幼儿园进行角色扮演的重要道具。造型生动、色彩鲜艳的头饰不仅能有效地渲染活动气氛，激发幼儿进行模仿和表演的欲望，还有助于增强幼儿的角色感，帮助他们塑造各种不同风格类型的人物形象。

二、头饰与面具的种类

幼儿园头饰、面具的设计制作形式多样，从造型上分有平面头饰、立体头饰；从材料上有纸质头饰、泡沫头饰、布艺头饰、自然物品头饰、综合材料头饰等（图 6-2-1~图 6-2-7）。

图 6-2-1　平面头饰　　图 6-2-2　立体头饰　　图 6-2-3　纸质头饰　　图 6-2-4　泡沫头饰

图 6-2-5　布艺头饰　　图 6-2-6　自然物品头饰　　图 6-2-7　综合材料头饰

（一）头饰

传统的头饰一般为平面额顶头圈式头饰，制作简单，取材方便。另外，教师还可以设计、制作具有立体感或装饰性更强的头饰，如屋顶形立体头饰、圆锥形立体头饰、圆台形立体头饰、船形帽式头饰、帽盔式头饰、帽子添加头饰、动物耳朵头饰等，以及各种有助于表现角色身份特征的道具。

1. 平面头饰

平面头饰是将角色形象用手绘或手工制作的形式完成。手工制作可以是纸制也可以是布制的材料，再将形象固定在头箍上的制作方法。

平面头饰是用卡纸剪出头箍纸带，再制作角色形象的方法。角色形象可以手绘完成，也可以将海报或宣传纸上形象剪下贴在厚卡纸上（图 6-2-8）。

2. 立体头饰

立体头饰是指在三维立体空间里制作的装饰性头饰。立体头饰可以分为屋顶式、圆锥式、圆台式、船帽式、帽子添加式和动物耳朵式。

（1）屋顶式头饰

将长方形卡纸对折，剪出角色形象的头形。再用彩色画笔或者彩色卡纸作出角色的形象。制作时应注意两边的对称性（图 6-2-9）。

图 6-2-8　平面头饰　　　　　　　　　　　　图 6-2-9　屋顶式头饰

（2）圆锥形头饰

将彩色卡纸剪成扇形，将扇形卷成圆锥形粘贴。再在圆锥形上做出角色形象的特征，如大象的长鼻子、大耳朵，长颈鹿的长脖子等（图 6-2-10）。

（3）圆台形头饰

将彩色卡纸剪裁成扇形，做成圆台的形状，或者用大号的餐盒或者方便面盒子、纸碗做底子。将角色的形象特征，用彩色卡纸剪成，贴至圆台上即可（图 6-2-11）。

图 6-2-10　圆锥形头饰　　　　　　　　　　图 6-2-11　圆台形头饰

（4）船帽式头饰

用彩色卡纸剪出头饰的展开图。注意帽子的大小与幼儿的头围相符合。将剪出的形状粘贴成帽子形状。在此基础上用彩色卡纸或者彩笔绘出角色形象（图6-2-12）。

（5）帽子添加式头饰

将头饰先做出帽子的形状，再在帽子上用绒布、不织布、毛线等材料做出动物的耳朵、鼻子、眼睛、尾巴等能够体现角色特点的部分，达到的角色需要（图6-2-13）。

图6-2-12　船帽式头饰　　　　　　　　　图6-2-13　帽子添加式头饰

（6）动物耳朵式头饰

根据动物特征用绒布或者不织布剪成动物的形象。将造型固定在发箍之上完成（图6-2-14）。

图6-2-14　动物耳朵式头饰

（二）面具

1. 布艺面具

布艺面具质地柔软，贴合性好，是制作面具较为适合的材料。人物、动物、植物都是适合的主题，在设计时需将表现的内容进行拟人化的处理，符合表演的角色需要即可。布艺是用剪刀和线代替笔的艺术形式，在剪裁好的布料上，适当地利用线的装饰性作用，使面具实用、美观（图6-2-15）。

图6-2-15　布艺面具

2. 纸雕面具

纸质地厚实，可以做成平面头饰，也可根据纸的韧性做立体处理。在制作立体面具时，可在面具四角各裁出一个斜口，将斜口收缩30°连接，使纸形成盆状，戴起来更符合面部结构，也更舒适（图6-2-16）。

图 6-2-16　纸雕面具

3. 纸浆式面具

（1）取部分糨糊放入盆中，加水搅匀至稀糊状。将废报纸、白宣纸裁成条，浸泡在稀糨糊中。

（2）把一个气球吹成和幼儿头围差不多大后系紧。在气球上用彩色笔大致确定一下脸部的大小，并标出眼睛、鼻子、嘴巴的位置。

（3）将浸泡了糨糊的报纸条在头部按顺序糊在气球上，空出眼睛、鼻子、嘴巴的位置（或者全糊上等干了后再挖孔）。糊到一定厚度后用白宣纸再覆盖一层。

（4）将糊上报纸条的气球放在阴凉处阴干，待报纸干后用针将气球扎破。

（5）用颜料将面具外层上色。然后用彩色卡纸、亮片、彩珠等进行装饰。

（6）在面具左右两边打孔，装上松紧带（图6-2-17）。

图 6-2-17　纸浆式面具

三、作品赏析

图 6-2-18　　　　图 6-2-19　　　　图 6-2-20　　　　图 6-2-21

四、案例分析

大班手工活动"彩色的面具"

[设计意图]

小班幼儿喜欢玩色,但是他们只满足于好玩的操作,如用各色喷壶反复地喷,一次次用勺子泼色等,而不在意色彩的变化,导致作品因过多的色彩交融而变成灰黑色。

怎样让幼儿玩出好看的颜色,让玩色游戏成为幼儿发现美的一个途径呢?这需要幼儿学会用眼睛欣赏色彩的变化,寻找自己喜欢的美丽色彩。本活动选择了一些琉璃工艺品和中国画家潘企群的作品供幼儿欣赏。以面具为媒介,让幼儿在面具上滴洒颜料,引导幼儿关注色彩流淌的变化。

[活动目标]

1. 认识水粉颜料,尝试使用喷壶、滴管或小勺等玩色工具,将2~3种颜料滴在面具上。
2. 观察欣赏色彩的变化,观察好看的颜色交织在一起。
3. 体验玩色的快乐,积极参与美术活动。

[活动准备]

1. 经验准备:幼儿在日常生活中有一些使用喷壶浇花的经验。
2. 材料准备:水粉颜料每组2~3种;喷壶、滴管、勺子等玩色工具;黑色卡纸、白色面具、琉璃工艺品图片、潘企群的美术作品图片、欢快的舞蹈音乐等。

[活动过程]

1. 欣赏琉璃工艺品和潘企群的作品,出示琉璃工艺品图片和潘企群的作品图片,分别提问:这是什么颜色?你喜欢哪块颜色呢?(引导幼儿观察色彩混合后的变化,从艺术作品中选择自己喜欢的色彩)

2. 尝试在黑卡纸上喷洒或滴漏颜料,发现色彩的变化。

(1)引导幼儿认识水粉颜料,并介绍工具及其使用方法。

师:这些是什么?(水粉颜料)和我们画画用的笔不一样,今天老师带来了一些特别的东西,是什么呢?(喷壶、勺子、滴管)怎样使用呢?(如果幼儿不认识滴管,就直接介绍给幼儿,并告诉幼儿怎么用)

小结:使用喷壶喷出颜料,用勺子挖出颜料倒在纸上,用滴管吸出颜料挤在纸上。

(2)鼓励幼儿尝试在黑色卡纸上喷洒或滴漏颜料;鼓励幼儿更换颜色,引导幼儿发现色彩的变化。

3. 尝试在面具上喷洒颜料。

(1)出示白色面具,提问:这些白白的面具好看吗?(不好看)怎样让面具变得好看呢?(组织幼儿讨论)

(2)教师示范把颜料喷洒在面具上,让幼儿再次观察颜料流淌的变化。

(3)幼儿尝试使用各种工具,在面具上喷洒颜料。

师:请你用这些工具和水粉颜料变出好看的颜色,变一个大花脸吧!

4. 作品展示与欣赏。

帮助幼儿戴上彩色面具（图6-2-22），互相欣赏，并跟着音乐舞蹈，体验成功的快乐。

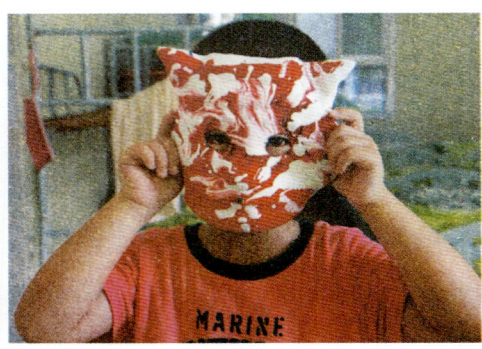

图6-2-22 戴上彩色面具

教学活动指导要领：

1. 此内容为教学的辅助内容，制作时教师为主，幼儿可以在教师的引导下完成部分内容的练习。

2. 制作时可适当选用半成品材料进行加工，面具的基本造形等均可买半成品进行再加工，提高教师的工作效率。

练习与实训

1. 结合本节课设定的教学目标进行面具和头饰的设计。
2. 结合一定的场景进行教学用具的制作。
3. 了解幼儿的喜好，贴近幼儿的生活，以一个故事情节进行集体制作。

第三节 舞台服装设计

一、舞台服饰设计原则

帮助儿童装扮成不同角色的服装是角色体验区、表演区以及舞台上的重要部分。教师设计的衣服应该是儿童容易穿上和脱下的，在角色体验区的衣服应该是耐用、可洗、有吸引力的；表演区的衣服要具有一定的文化性、创意性、环保性和实用性的特点；舞台上的服装应该能为整个舞台的表演起到增色的作用。青少年的衣服尺寸也应该根据儿童的年龄不同有所区分。

二、舞台服饰设计分类

幼儿园舞台服饰的设计可以分为两类，区角表演的服饰和舞台表演的服饰。区角表演服饰主要为区角的内容服务，服装可以是成品与手工制作的服装相搭配，手工制作服装是成品服装的补充。舞台表演的服饰以手工制作为主，较为丰富，不同的表演内容对服装的要求也不同，可以分为童话剧服饰、经典卡通形象服饰、地域特色服饰、创意服饰。

服饰的制作材料丰富多样，可以分为纸、布、塑料制品、铁制品、自然材料等。材料可以单独使用，也可以多种材料综合使用，由于质地的不同会使服饰的制作丰富多样，变化无穷。

三、服饰的设计要点

服饰的设计应从整体风格、主题设置、色彩搭配、材质选择和服装配饰几个方面进行思考。

1. 整体风格

风格是独具特色的打扮和观念。幼儿服饰设计应当结合儿童特点和应用的场合。在设计时我们可以从三个方面进行考虑：一是服装所适用的场所和民族的传统；二是材料的适用性和新颖性以及带来的美感；三是服装的创意带来的视觉享受（图6-3-1）。

图 6-3-1　整体风格

2. 主题设置

园所中所使用的服装区别于我们的日常服饰，它一定有使用范围和功能性。比如在新年联欢中，围绕过年这一主题，服装的设计应是吉祥喜庆的。新年的生肖属相、灯笼、炮竹、关于年的神话传说都是可用的素材（图6-3-2）。

图 6-3-2　主题设置

3. 色彩搭配

服装色彩的变化是设计中最醒目的部分。色彩最容易烘托和表达设计者的想法和整个舞台的设计需求。不同的色彩给人不同的联想和情感表达。火热的红、爽朗的黄、沉静的蓝、干净的白，每一种颜色都有着丰富的情感表达和舞台效果的烘托。色彩还有轻重、强弱、冷暖和软硬之感（图6-3-3）。

图6-3-3 色彩搭配

4. 材质选择

不同的质地、肌理的搭配使服装更具特色。幼儿舞台服装在材质上更加丰富多样，除了我们日常所用布料，更多应是以生活中、身边的物品进行二次利用完成。教师在引导时可以从纸、布、塑料制品、铁制品、自然物等方面考虑（图6-3-4）。

图6-3-4 材质选择

5. 服装配饰

服装设计除了衣服的设计以外，还要有头饰、围巾、首饰、鞋子等配套物品的配合才是一套完整的衣服。特别是舞台服装，缺少了配饰的搭配是不完整的（图6-3-5）。

图6-3-5 服装配饰

四、工具与材料

工具：胶、针、线、刀、剪刀、橡皮圈、不干胶、订书机等。

材料：纽扣、棉球、海绵、钢丝球、羽毛、塑料袋、一次性桌布、彩色卡纸、皱纹纸、废布片、纸箱、纸盒、纸巾筒、皱纹纸、宣传单、包装纸、塑料瓶、旧报纸等。

五、舞台服饰的制作过程

（1）剪裁 5cm*30cm 左右的红色纸条 1 根，7cm*60cm 左右的白色纸条 2~3 根（图 6-3-6）。

（2）将白色纸条和红色纸条边折皱边粘在半圆形的白色卡纸上，制作礼服的裙摆，可用小珠子或亮片做装饰（图 6-3-7）。

图 6-3-6　剪裁纸条　　　　　　　图 6-3-7　制作裙摆

（3）黑色皱纹纸制作模型模特，用双面胶或胶水粘贴完成，用红色皱纹纸制作礼服上衣，白色卡纸制作礼服裙撑（图 6-3-8）。

（4）将制作好的裙摆固定在模型模特身上（图 6-3-9）。

（5）将红色皱纹纸剪成纸条状，并折皱成型，用作裙摆的装饰（图 6-3-10）。

（6）将装饰部件固定在裙摆上，完成礼服的制作（图 6-3-11）。

图 6-3-8　制作礼服　　图 6-3-9　固定裙摆　　图 6-3-10　制作装饰　　图 6-3-11　固定装饰

六、作品赏析

更多作品赏析

图 6-3-12　　　　　　　图 6-3-13　　　　　　　图 6-3-14

七、案例分析

大班环保创意服饰设计活动"我是服装设计师"

1. 带幼儿进活动室。

教师谈话导入：小朋友们知道老师带大家到这来干什么吗？老师要带你们看一场精彩的演出，是什么演出等会小朋友们看了就知道了。

2. 看课件"儿童时装秀"。

幼儿欣赏完教师提问：

（1）小朋友们刚才看到了什么？这些服装漂亮吗？颜色一样吗？（五颜六色、美丽大方）

（2）教师：那小朋友们看看大家穿的衣服颜色、款式、面料一样吗？（让幼儿相互摸一摸服装手感）都什么感觉？（有的面料硬，有的软）

（3）教师：那大家知道这些漂亮的衣服是谁设计的吗？

幼儿：设计师。

教师：对，这些衣服都是设计师在图纸上一遍遍地画上漂亮的图案，搭配颜色，觉得满意了，才把它们送到服装厂做出来让人们穿，把人们打扮得更漂亮。

（4）教师：服装除了由很多不同的服饰面料制作之外，其实还可以用一些其他的材料制作，小朋友们想不想看看还有哪些材料可以做成服装啊？

3. 幼儿表演：环保时装秀。（让幼儿穿着用各种材料做的衣服表演）

欣赏完进行提问：

（1）刚才那些小朋友的表演精彩吗？那他们穿的衣服都是用什么材料制作的？（挂历纸、报纸、扑克、光盘等）

（2）教师：那你们家如果有这种废旧的材料你会怎么处理？这些废旧材料咱们每家都有，小朋友们有的会把它撕掉、扔掉，其实这些东西还是会有它的用处的，小朋友们以后一定好好把这些废旧材料保存下来，进行废物再利用。

（3）教师：老师今天也给小朋友们准备了很多废旧材料，小朋友们想不想也当一回设计师？（想）那咱们在设计服装时要先怎么样？（幼儿自由说）

教师小结：先进行测量，再绘图，然后再裁剪。

（4）幼儿自选材料开始制作，教师巡回指导给予帮助。

4. 幼儿制作完毕后，教师让幼儿介绍自己使用什么材料制作的什么样的衣服。

5. 让幼儿穿上自己制作的衣服进行展示表演。（背景音乐）

6. 教师当小记者即兴采访：穿上自己设计的衣服是什么心情？

小朋友：（1）穿上自己设计的衣服我很高兴。

（2）将来我也要当一名设计师，让人们穿上我设计的衣服。

（3）我希望大家以后把用旧的东西都保存好，把它们利用起来。

7. 教师总结：对，老师也希望小朋友们把一些废旧材料都能利用起来，把它们变成有用的东西好不好？

8. 结束。教师：走，咱们到院子里，老师给你们拍照，把你们设计的衣服发布到网

上去，让人们将来都穿上你们做的衣服好不好？（将幼儿带出活动室）

9. 作品展示与欣赏（图 6-3-15~ 图 6-3-18）。

图 6-3-15　　　　图 6-3-16　　　　图 6-3-17　　　　图 6-3-18

教学活动指导要领：

1. 开展环保时装秀活动

幼儿在教师的带领下，精心挑选日常生活中的废旧物品，作为创意服装的原料。幼儿们根据现有的原料设计并绘制服装图纸，然后分组将自己设计的图纸变为现实的衣服，大家一起开动脑筋，通过各种方法，用废旧物品表现自己的设计。最后大家开展了一次小型服装表演秀，向大家展示自己的设计理念。

2. 开展主题性的环保创意服饰比赛

开展主题性的环保创意服饰比赛活动，不但培养了幼儿的合作意识，锻炼了动手操作的能力，还培养了幼儿的环保意识，杜绝生活中的浪费，让幼儿意识到美好的环境需要大家的共同努力，学会再次利用废旧物品，开拓了幼儿的眼界，培养了幼儿的创造力。

练习与实训

1. 大家见过塑料袋的环保雨衣、纸杯串成的泡泡裙、麻袋制作的灯笼裤吗？如果把这些用废旧物品制作成漂亮的时装穿在身上，再到幼儿园的小小 T 台上走一走、秀一秀，是不是很有意义呢？

2. 幼儿园不是专业学校，所以在进行环保教育时是不能单独设科的，如何将环保教育渗透到各学科？

3. 以环保手工"春姑娘的新衣"为例，选用生活中的哪些废旧物品进行环保创意服饰设计？

第四节　舞台背景制作

一、幼儿园舞台背景

舞台美术是演出的有机组成部分，每场演出都离不开舞台，离不开舞台美术，舞台美术是舞台艺术中的重要学科。它是我们观看演出时首先映入眼帘的景象，是我们欣赏舞台艺术最直观的造型部分，也是我们接受艺术熏陶最有力的媒介。

二、幼儿园舞台分类

1. 大型舞台设计

幼儿园舞台装饰，作为幼儿园节日环境的一个重要组成部分，对幼儿的成长有着重要的作用，它不仅满足感官的需求，而且以特有的设计方式，将空间环境与幼儿组成非语言性的信息交流场。

舞台的装饰表现形式非常多，有喷绘舞台背景的，有立体搭建背景的，也有在平面背景上运用各种材料、装饰手法进行装饰的舞台。在色彩搭配设计上要求互相和谐，在装饰手段上要有一定方法，在材料上能根据需要变换应用。

幼儿园舞台节日装饰形式要丰富多彩，要按照对称、均衡、和谐、变化与统一等规律，色彩要热烈、明快，以暖色为主调。装饰的形式要注意点、线、面的结合，如用彩灯、彩球、花篮、气球等组成大小不同的点；用彩链、拉花等组成横线、斜线、曲线等各种不同的线；用剪纸、剪贴、绘画以及壁挂等组成大小不同的面。这样形成一个立体空间的装饰，体现节日隆重热烈的气氛。节日舞台的装饰最好有一个天幕，天幕上边用花边装饰，中间用字和图案组成一个简单的标志，天幕两侧可剪贴花瓣、鸽子、气球等装饰。在天幕上边可悬挂会标，以突出节日主题，给人以美感。舞台前可悬挂一些吊饰，既可增加节日气氛，又可分割开舞台和观众席（图 6-4-1）。

图 6-4-1 大型舞台设计

2. 区角舞台设计

区角舞台设计主要体现在语言表演区和才艺表演区中。语言表演区的表演场景力求简单，如在活动室区角内利用小椅子拉上幕布，将观众与演员隔开，表演时拉开围挡就能产生舞台的效果。故事表演区用的布景应造型夸张、色彩鲜明，可以结合美工活动，让幼儿参与到舞台的设计制作。

才艺表演区舞台设计力求逼真，和大型舞台设计中的道具物品均可做相应的配置，如幕帘、话筒、音响、道具等。不同地区可根据民族特点和地域特色制作相应的舞台效果，如西藏地区的藏戏，整体的舞台气氛可以利用西藏的建筑和特有色彩进行装饰，再配以相应的服饰和道具尝试地域特色浓郁的舞台效果（图 6-4-2）。

图 6-4-2 区角舞台设计

3.桌面情境舞台设计

桌面情境玩具是根据儿歌、故事等内容进行的情境设计、制作的小型立体桌面的空间设计。它能直观地再现儿歌和故事的场景，表现人物之间的关系。再配以若干的玩偶进行角色表演，能使儿歌、故事更加生动有趣，也增强了幼儿对儿歌和故事的理解和掌握。

根据儿歌和故事情境的不同，桌面情境玩具可以制成单个和多个组合。单个的情境玩具一般做成统一的背景，根据情节发展添加或者撤换其中的角色和装饰物；组合式场景则可以根据情节发展的需要做成多个不同场景，在色彩、装饰物上也有不同安排，还可以做成可添加或撤换的活动式布景。

桌面情境舞台中的角色，可以制作、使用各种指偶、手偶等小型玩偶。这些小型玩偶，能摆放在桌面情境之中，帮助幼儿理解故事角色之间的关系、情节发展等，从而激发他们模仿、学习儿歌和故事的兴趣。

桌面情境舞台的设计可以分为展开式桌面情境舞台设计，折叠式桌面情境舞台设计和箱式情境舞台设计（图6-4-3）。

图6-4-3　桌面情境舞台设计

三、作品赏析

图6-4-4

图6-4-5

图6-4-6

图6-4-7

图6-4-8

图6-4-9

参考文献

[1] 祝慧，邵雪原.基础手工［M］.南京：江苏凤凰教育出版社，2015.

[2] 万秀玲.小小木工坊［M］.南京：南京师范大学出版社，2019.

[3] 陈学群，余晖.幼儿园优秀美术活动设计99例［M］.北京：中国轻工业出版社，2014.

[4] DK出版社.纸艺全书［M］.郑州：河南科学技术出版社，2017（8）.

[5] 何红一.剪纸小行家［M］.武汉：河北美术出版社，2006（5）.

[6] 希尔达·杰克曼.幼儿园课堂活动设计与指导［M］.成都：四川少年儿童出版社，2010（5）.

[7] 丛娜，靳林，陈汝敏.手工制作［M］.长沙：湖南师范大学出版社，2015（12）.

[8] 日本宝库社，梦工房译.绳结饰物150款［M］.郑州：河南科学技术出版社，2014（10）.